偏差値30から
ケンブリッジに受かった
「ラクすぎる」努力術

努力が勝手に続いてしまう。

塚本亮

ダイヤモンド社

はじめに
——ケンブリッジの心理学×実体験のメソッド

みなさんは「努力」というと、どんなイメージを思い浮かべるでしょうか?

おそらく多くの人が反射的に、ちょっと重たいものを感じたり、苦手なイメージを思い浮かべるのではないかと思います。なんだか、自分では見たくなかったものを目の前に突きつけられた気持ちがするかもしれません。

振り返ってみても、親や学校の先生、あるいは職場の上司から「そこはもっと努力したほうがいい」「努力が足りないからうまくいかないんだ」といったことを言われて落ち込んだりした経験は、だれにでもあるでしょう。

努力できない「無限ループ」から脱する

私はというと、やはり努力は大嫌いです。努力と聞いただけで逃げ出したくなるようなタイプの人間です。

とはいえ、身につけたいことがあったり達成したい目標があったら、どうしても努力が必要になってくる場面があります。

そこで、とりあえずがんばって努力してみるのだけれど、やっぱりうまくいかない。そして、そのうち「自分は努力に向いてないんだ」「努力できない自分はダメ人間だ」と思うようになる――。

高校時代の私は、まさにそんな感じでした。

そんな**自分を変えたいと思って挑戦してみるものの、やっぱり努力が続かない、それでまた自信がなくなる**という無限ループに陥《おちい》っていました。

そうして私は、いつしかヤンチャなグループに入って好き放題やるようになってしまいました。あげくのはてに大きなケンカをしてそれが新聞沙汰《ざた》になり、停学・自宅謹慎処分を受けました。

ですが、その謹慎が、いま思えば自分を見つめなおす機会になりました。

それまでは、勉強なんてできなくても、ヤンチャなグループで仲間とつるんでいればなんとなく楽しいし、したくないことはしなければいいという感覚でした。

ところが携帯電話を取り上げられ、仲間と一切連絡もできない状況にポツンと置かれたことで、それまで自分では見ないようにしてきた怖さが、もくもくと湧いてきたのです。

自分で「変えられること」と「変えられないこと」を知る

家ではマンガを読んだりゲームをしたりして孤独な時間から逃げていたのですが、どこか完全に逃避しきれない自分がいました。

このまま何もしなければ、本当にまずいんじゃないか。そんな思いがじわじわと広がってきます。

それまでも漠然とですが、自分は本当に生きるべき人生を生きていない、こんなことを続けていて大丈夫だろうかという不安はありました。

ただ、勉強もスポーツもできず、芸術的な才能もとくにないうえ、何かを目指す努力もできない。そんな現実に向き合うことが怖くて、とりあえず仲間のところに居場所をつくることで安心していました。

この現実を変えていくには、どうすればいいのか。自分で納得できる人間にはどうすればなれるのか。

自宅謹慎の孤独のなかで、高校生の自分なりに考えました。

「自分が生きたい人生を生きている人」とは、どんな人だろう。そういう人なら、この現実をどう考えて、どう変えていくだろう。

そう考えて親に頼んで、経営者や思想家の本を何冊も買ってもらいました。

松下幸之助さんをはじめとする有名経営者の本など、いま思えばヤンチャな高校生が手にするにはミスマッチな本ばかりですが、そのときは必死でした。さまざまな本を真剣に読みあさっていくなかで、次の言葉に出合いました。


「自分には変えられるものと、変えられないものがある」


一見、当たり前のことですが、私はこの言葉にはっとしました。

私はそれまで「あれができない」「これができない」と、もやもやといろんな悩みを抱えていましたが、他人や環境など、自分では変えられないものについても一緒くたに考えていました。そんなことはいくら悩んでもしょうがない。

しかし自分の行動や自分の感情などは、自分次第でいますぐにでも変えられる。まずは「自分に変えられるものと、変えられないもの」を分けて考えることから始めればいいのではないか、そう思いました。

「努力できない」からつくった「自分が動いてしまう」仕組み

自分では変えられないものはおくとして、自分は変えられる。ではどう変えていけばいいのか。そう思って取り組んだことは勉強でした。

当時、私が通っていた高校はいわゆる進学校ではないですし、そのなかでも私の成績は「偏差値30」という底辺が定位置。そんな環境のなかで、なかば甘えもあって、自分は勉強をしてこなかった。しかし、少しずつ勉強をすることでしか自分を変えていくことはできないのではないかと思ったのです。

せっかくなら目標は高く持ったほうがいいと考え、志望校は同志社大学に据《す》えました。私が住んでいた関西地域ではトップレベルの大学のひとつです。

同志社に入るための偏差値は60以上は優に必要です。

私は高校3年生の春の模試の時点で偏差値30でした。普通にがんばっても、まあ「無謀な挑戦」で撃沈《げきちん》して終わるのがオチです。

実際、学校の三者面談で志望校の欄に「同志社大学」と書いたら、先生には生温かい目で「まあ、がんばれよ」と軽くあしらわれただけでした。

当たり前です。これまで何百人、何千人もの生徒を見てきた先生からすれば、私みたいな「努力を知らない」人間が短期間で偏差値を倍以上に上げて結果を出すことなんて考えられないでしょう。

ですが、結論からいえば、私が「努力が大嫌い」な人間だったからこそ、合格することができました。

私は**「自分はこうしないとできない」という方法だけで努力を続けました。**

自分で努力を意識しなくても「努力が勝手に続いてしまう」ようにしたことで、まったくの勉強嫌いの私でも結果を出して自信が持てるようになったのです。

同志社大学を卒業したあと、心理学を学ぶため、さらに難易度の高いケンブリッジ大学大学院への進学、さらには帰国して海外の名門大学合格を目指す語学スクールの設立も実現しました。

いまでは、昔の私には雲の上の存在だった全国の大学や有名企業などで英語やモチベーションなどについて教えることができているのも、**すべては「努力が勝手に続いてしまう」仕組みを自分に取り入れたから**です。

そもそもの話、努力が大事なことぐらいみんな言われなくてもわかっています。

けれども、努力ができない人に世の中はあまり親切とはいえません。

「努力が続かないのは甘いからだ」というふわっとした精神論だけで、じゃあどうすれば具体的に努力が続けられるのか、その仕組みは学校でも職場でも教わることはありません。

そんなこと先生や上司に聞いても、「バカなこと言ってないで、もっとまじめに取り組め」などと言われるのが関の山でしょう。

努力にもラクに続けられる「仕組み」があるなんてことすら、多くの人が知らないのが現実なのです。

自分を変える最も「合理的」なやり方

この本の目的は「努力が嫌い」「続けることが苦手」な人に、苦しい思いやいやな思いをせずに「努力が勝手に続いてしまう」仕組みをレクチャーすることです。

私自身が実体験で身につけ、結果を検証したメソッドにプラスして、**ケンブリッジで専攻した心理学視点からの「なぜ、そうなるのか」**というアドバイスも含めて紹介していきます。

この本の構成は、つぎのようになっていますが、どれも「べき論」ではなく、具体的な方法とヒントに落とし込んでいるので、即実行できるものばかりです。

・第1章〈準備編〉まず自分をその気にさせる「気持ちのセット」の仕方
・第2章〈ルール編〉努力を仕組み化するために頭に入れておきたい必須の法則
・第3章〈技術編〉努力が勝手に続くための具体的なテクニックとノウハウ
・第4章〈効率編〉短期間で目標をクリアするための効率のいい努力のコツ
・第5章〈挑戦編〉独学でもかなりの高みにまでレベルアップする方法

これから進学や留学を目指す学生さんはもちろん、資格試験を目指したり自分の仕事のステージを上げるための挑戦をしようとしている社会人の方など、**日々、自分を伸ばすために努力をしていきたいというすべての人に役に立つ内容だけ**を載せました。

私が主宰《しゅさい》しているスクールでも、本書に収録したアドバイスをくりかえし伝えていますが、設立してから3年間で留学希望の学生はもちろん、海外でのMBA取得を目指す経営幹部候補、官僚や医師などのベ100人以上が、ケンブリッジ大学やロンドン大学など世界のトップスクールに合格するという結果を出しています。

ここまで言っても、「努力とか、勉強とか、そんなのもともとできる人とできない人がいるんじゃないの？」と思う人もいるかもしれません。でも、絶対に大丈夫です。

本書で紹介するのは、**金髪オールバック、青いカラーコンタクトにピアスで家庭裁判所と警察のお世話になっていた偏差値底辺の私でもやれたことばかり**です。

おまけに「超」がつく人見知りで、初対面の人とはひと言以上の会話が続かなかった人間が、自分に自信が持てるようになり、大勢の人の前で話す仕事もできるようになった。

それくらい「努力が勝手に続いてしまう」仕組みは、自分を変えることができるのです。

「あのときは無理だと思っていたことが、気がついたら実現できていた」「楽しんで行動しているうちに、努力が続いて結果を出せた」多くの人がそんなふうに言ってくれている簡単な方法をいまから一緒に見ていきましょう。

努力が勝手に続いてしまう。　目次

Chapter 3
努力が勝手に「続いてしまう」技術

Chapter 4

こうして短期間でケンブリッジに合格した

Chapter 5
独学でも世界のトップレベルまで行ける
――いつまでもめげずに伸びていける簡単な方法

Chapter 1
「努力」という意識を捨てる
——自分を「その気」にしてしまう意識改革術

脳が努力を「面倒なこと」「つらいこと」と捉えているかぎり、その努力は続きません。

そこで、ラクに行動を続けていくための「意識改革」の方法をご紹介します。

1 「ラクに続く方法」で努力する

人はだれでも「自分をもっと向上させていきたい」という思いを自然に持っているものです。

子どものころは、友だちよりもテストの点数を高く取りたいとか、速く走れるようになりたいとか、さまざまな向上心を持って自分なりの努力をしていたはずです。

もっとさかのぼると、物心がつくかつかないかくらいの心が純粋な子どもは、「努力なんてムダ」「がんばってもがんばらなくても結果は一緒」「才能は決まってるんだから」なんてことは一切考えずに、いろんなことに一生懸命チャレンジするものです。

それなのになぜ大人は努力が苦手だったり、いつのまにか努力に対してネガティブなイメージを持ってしまっているのでしょうか。

「続かない努力」は自分から自信を奪っていく

じつは、そうなってしまう理由がちゃんとあります。

努力にも、苦しい思いをしてもなかなか続かない努力と、楽しみながら勝手に続いてしまう努力があることに、多くの人が気づかないまま、「続かないほうの努力」を続けようとしてしまって挫折《ざせつ》しているのです。

ケンブリッジでモチベーションについて学んでいた際、重要なキーワードとして強調されていた概念に「学習性無力感」というものがあるのですが、努力をしては続かなかったり結果につながらなかったりということをくりかえしていると、やがて「努力しよう」と考えてもやる気が出なくなってしまいます。多くの人がこの状態にはまっていて、努力を重ねることで、むしろ自信を失ってしまっています。

ですが、そもそも**人間は努力が継続できなくて当たり前**です。

努力が好きな人間は少数派でしょう。ラクができるのなら、できればラクして成果を出したい。そう思うのは人としてごく自然なことです。

ですから、「努力が続かない自分」「ラクしたいなと思う自分」をダメだと否定するので

努力の「負のスパイラル」の仕組み

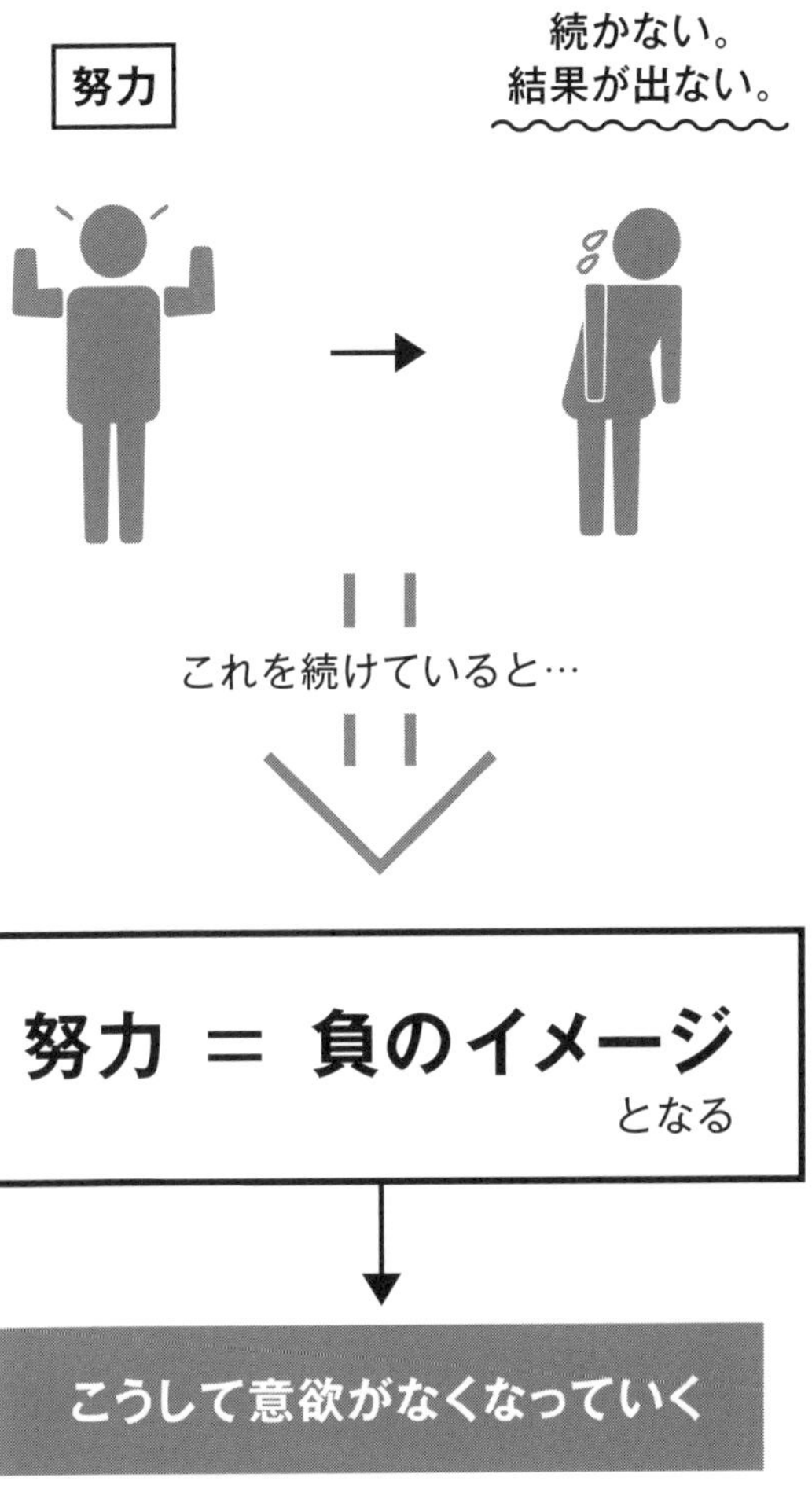

はなく、そういう気持ちがあるのは自然なことだと認めて、「そんな自分でも続けられることは何か」を考えたほうがムリなく前に進んでいけます。

「努力」と「逃避」のメカニズム

私も、多くの人と同じように「努力しようとして自信をなくした派」の子どもでした。

小学生のときから、勉強ができないながらも夜遅くまで塾に通っていました。どこか成績の上がる塾はないかと、いろんな塾を次々と試したりもしました。けれど、どんな塾に通っても成績は上がりませんでした。

本屋さんで「これで成績アップ!」などと書かれた参考書を買ってみたりもするのですが、ほとんど解けないので、そこでまたやる気をなくします。

そんな調子で、何をやっても結果が出ることはなく、中学に上がってからはサッカー部に入って、サッカーさえやっていれば気分がいい「サッカーバカ」になり、勉強はますます遠のいて**定期試験では学年108人中99番目**というありさまでした。

とはいえ、自分ではべつに人よりサボっていたつもりはなく、教科書に出ていることはちゃんと覚えようとしていたし、ノートも取っていた。なのに、なぜ成績が上がらないのか。いったいどうすればいいのか。何もかもわからないことばかりで、だんだんとがんばることが空《むな》しくなってきました。

そのころの心理を振り返ると、とにかく「成績を上げるには努力しなくてはいけない」という、ただそれだけでした。つまり、努力さえすれば成績は上がると思っていました。

だからこそ、努力しているつもりなのに何も変わらないことがわかってくると、**努力そのものに対して「やりたくない」という負の感情が湧いてきた**のです。

努力してもしなくても成績なんて変わらない。

だったら、努力なんてムダなことはやらないほうがいいんじゃないか。

努力するだけ自分がダメな人間に思えるぐらいなら、他のことで自分をよく見せようと、ヤンチャ仲間とつるみはじめ、悪い方向に走っていったわけです。

私と似たようなパターンに陥っている人がいたら、まず頭に入れてほしいのは、ムリに努力しようとしても「絶対に続かない」ということです。本書でいろいろな方法を提案していきますが、努力をしたければ、何らかの「続く方法」を意識しなくてはいけません。

Point
ムリな努力を続けていると、「がんばれない人」になってしまう

2 押さえるべき「ツボ」を見つける

そうして勉強に関してはまるでいいことがなかった中学時代を終え、中高一貫校だったおかげで、たまたま入試の日にインフルエンザにかかるという幸運（?:）もあり、高校に特例の試験免除で入ったために、さらに努力からは離れていきました。

そこでやらかしてしまったのが「はじめに」で触れた事件です。

停学・自宅謹慎処分で「このままだとヤバい」「自分を変えなくては」と気づいたあと、まず何をしたかというと、同じクラスのいつも成績のいい友人に「なぜ、いつもいい点数が取れるのか?:」をたずねてみました。

すると、**自分がやっていた努力とはかけ離れた答えが返ってきました。**

「そんなん簡単やん。先生がいつも強調して言うてるとこあるやろ。そこを丸暗記したらええねん」

「丸暗記!?」

私は唖然《あぜん》として聞き返してしまいました。私は先生の言っていることが全部わかるようにならないといい点数は取れないと思っていたので、目からウロコが落ちる思いでした。

やり方を少し変えるだけで「結果」は大きく変わる

勉強ではなく「丸暗記」すれば点数が上がる。

暗記力に自信はありませんでしたが、それでも、これならできるかもしれないと思い、言われたとおりにやってみることにしました。

テスト前に、文字通り「一夜漬《いちやづ》け」で先生が強調していたところだけをひたすら暗記したのです。

すると、**本当にほとんどの教科が平均点レベルまで上がってしまいました**。もちろん、それまでが低すぎたのですが、それでも私にとっては驚くべき最初の成功体験でした。

なにしろ、それまでは「まじめに努力」したつもりでもまったく上がらなかった成績が、ちょっとやり方を変えただけで一気に結果が出たのです。

これはもしかしたら、たんに必死に努力することが大事なのではなく、「こうすれば、こうなる」というツボのようなものを押さえることのほうが大事なのではないか。というか、ツボを押さえていなければ、どんなに努力をしても結果にはつながらないのではないか。

そんなことを考えるようになりました。

「相手は何を求めているのか」を見抜く

私がそれまで努力したつもりでもまったく伸びなかったのは、どこにツボがあるのかも考えないまま、とにかく全部理解しないといけないというふうに考えていたからでした。そもそも授業を受けていても、先生の話の何がポイントなのか、どこを強調しているのかもまるでわかっていませんでした。

そういうふうに考える発想すらなかったわけです。

学校の定期試験でいえば、**先生は生徒にどういうところを理解してほしいと考えているのか**、そしてそれを試すのであればどういう出題をするのか、そういうことを考えることでツボは見えてきます。

すると、試験範囲のすべてを理解できていなくても、ここが出題されそうだというポイントがわかってくる。

そこを重点的に暗記したり、その背景を勉強すればいいんだということに初めて気がついたのです。

がむしゃらに努力したからといって成果にはつながらない。成果が出ないのは努力が足りないのではなく、努力の方向性が間違っているからだということを学んだわけです。

学校の試験にしろ資格試験にしろ、**人がつくった試験であれば、出題者には意図があって、その人の考えが試験問題に反映されます。**

ですから、試験をクリアするという目標をかなえたいのであれば、出題範囲すべてを勉強するのではなく、相手＝出題者の考えを分析してポイントを把握《はあく》することが重要になります。試験であれば、過去問をやればやるほど、出題者が問いたいと思っていること、つまりツボが感覚的にわかってきます。

「ツボ」のありかはこうして見つける

英会話を身につけるなど、出題者の存在しない目標に向かって努力をする際も、ツボは必ず存在します。

それでは、そんなツボはどうやって見つければよいのでしょうか。

私の場合は、友人に率直に「どうすればいい点が取れるのか」を聞いたのがきっかけになったのですが、自分が目指していることで結果を出している人に聞くのがいちばんてっとりばやいでしょう。

人それぞれ考え方が違えば環境も違うので、さまざまなアプローチやツボが見えてくると思いますが、いろんな話に触れながら、「これならうまくいきそうだ」という方法を盗むのです。

何かを達成した人は、成功に至る過程で試行錯誤して、必ず何らかのツボを見つけています。努力を始めるより前に、そんなツボの情報をさきに集めて集中的に取り組めば、やみくもに努力するより、確実に結果が違ってくるはずです。

Point

あれこれ考えず、実際に「できた」人の方法をそのままやってみる

3 投下できる「自分の資源」を数えあげる

目標を目指してがんばっていると、まわりから「もっと努力しなくちゃうまくいくはずがない」と言われることがあると思います。そう言われると自分でも「たしかにそうかもしれない」「もっとがんばらなきゃ」などと思うものです。

ですが、これがそもそもの間違いだと言ったら、どう思いますか？

「努力しなきゃ」「やらなきゃ」と考える意識の裏側には「本当はやりたくない」という潜在意識が潜んでいるものです。

人間の言葉は面白いもので、「〜しないと」「〜したほうがいいよね」という言葉を使っているときは、本当はしたくないのだけれどしなくてはいけないという意識が働いています。

本心としては「できればやらずにすんだらいいな」と思っていながら行動するので、どうしても本気になれなかったり、どこかで中途半端になってしまいがち。

だからこそ、やらなきゃと思ってやっているのに続かなかったり、うまくいかなくなるわけです。

「目標」を見つめて「いやな努力」感を消す

では逆に、うまくいっているときはどういう状態なのか。

みなさんも経験があると思いますが、あまり「やらなきゃ」「努力しなくちゃ」というふうには思っていません。そういう言葉を頭のなかで発することなく、なんだか自然にやってしまっています。

つまり、努力を意識しながらやっていることは、どこかで「やりたくない」意識が働いているので、手を抜きたい気持ちが潜在的に続いていて、**ちょっとでも他に〝用事〟ができたら、それを言い訳にして努力から離脱してしまう**のです。

ざっくり言ってしまえば「意識してやる努力」はあまり続きません。

では、その「いやな意識」を薄めるにどうすればいいのか。まずやるべきなのは、そもそもなぜ自分はその行動をしたほうがいいのか、なぜ努力が必要になっているのかということを、改めてしっかりと見つめることです。

自分の本心に向き合って、「やっぱりこの目標を達成してこうなりたい」「周りからこう思われたい」「いや、自分はこのままでいいんだな」といったことを確認するのです。

すると、自然に「これはやっておこう」とモチベーションが上がることもあれば、「これはムリしてやらなくていい」ということも見えてきます。

自分の目標から考えて**「ムリしてやらなくていい」と思えたものは、そのままでは続きません**。少し続けられても、努力とモチベーションのバランスが取れていないので、いつかはやめてしまうことになります。

そんなときは、自分は他のどんな目標なら目指したいのかということを考え、他の努力に時間を使うというのもひとつの選択です。

使える「時間」と「お金」と「人」を明確にする

自分はそもそもなぜその努力をしたいのか。その気持ちがセットされたら、目標に向かっていくために何が必要かを考えていきます。ここで大事なのは、あなたは「自分が持っているものしか使えない」ということです。

学生であれば、学校に行っている時間、社会人なら仕事をする時間があるので、努力をするための「持ち時間」は限られてきます。そのことを曖昧《あいまい》にして、毎日もっとがんばりたいと考えていては、フラストレーションがたまるばかりです。

時間に限らず、まず大前提になるのは、自分がいま、何を持っていて何を持っていないのかをきちんと把握すること。

そのなかでも、**いちばん大事な資源はやはり「時間」です**。どれだけ「やりたい」と思っていても持ち時間がなければ何もできません。

その次に確認すべきは、自分が何かをやりたいと思ったときに誰か協力してくれる「人」はいるか、どこかからサポートを得られる可能性はあるかということです。

自分が手がまわらないときに仕事などを手伝ってくれる人、自分が知らないことを教えてくれるような人、あるいはちょっと気持ちが沈んだときに元気をくれるような人、そんな存在があるかどうかということも、結構重要になってきます。

そして、これも大事なのが「お金」です。自分はいまからやろうとしていることにどれだけのお金を使うことができるのかを計算することで、努力のアプローチが変わってきま

自分にはどれだけの「資源」があるか？

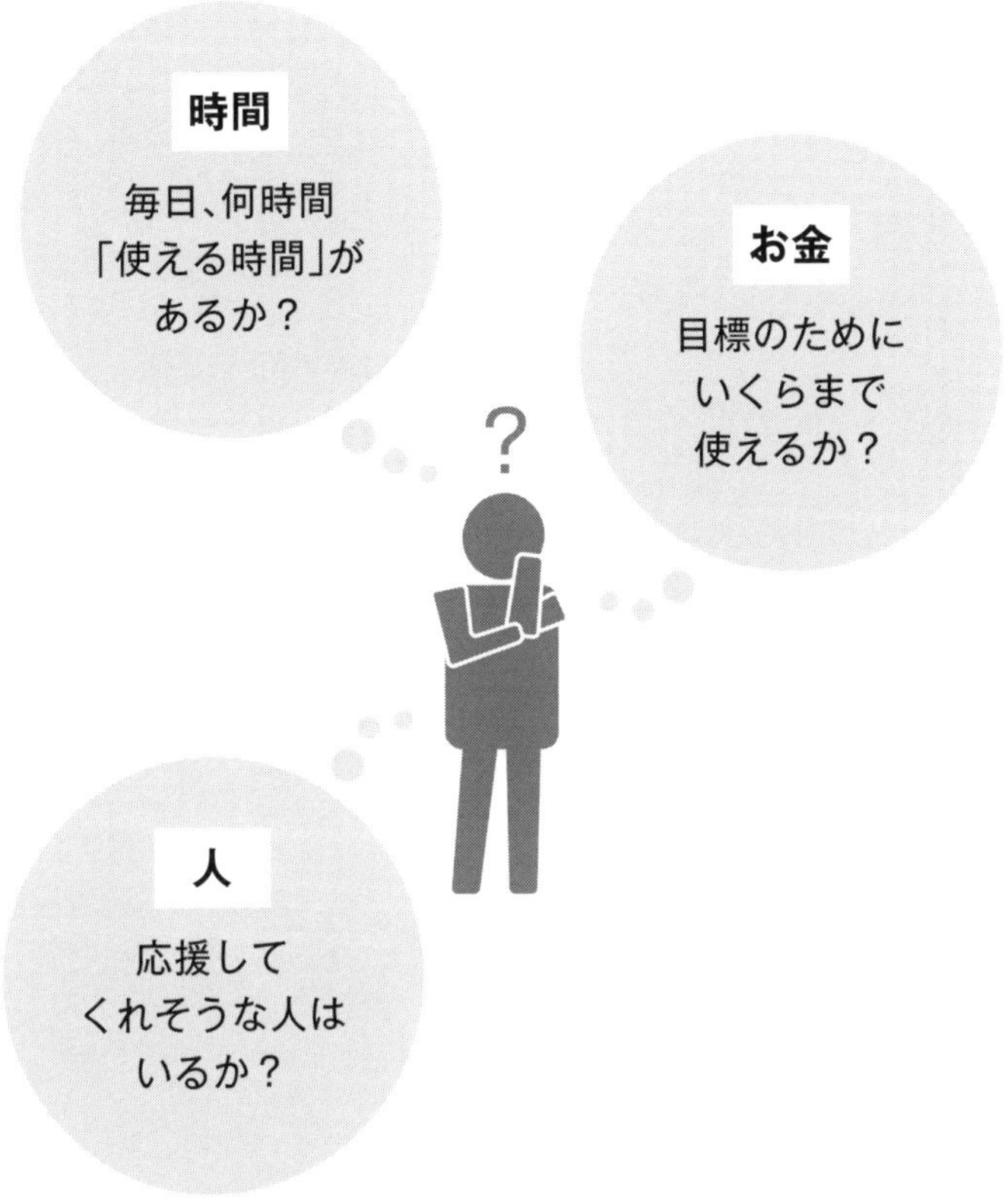
時間
毎日、何時間
「使える時間」が
あるか？
お金
目標のために
いくらまで
使えるか？
?
人
応援して
くれそうな人は
いるか？

自分が「使えるもの」を知る

す。英語の勉強をしたいのなら、お金をかけずにネットを使って勉強するのか、参考書で勉強するのか、あるいはスクールなどでプライベートレッスンを受けるのかといった方法が見えてきます。

ただし、お金が多ければいいということでもありません。金額の多い少ないではなく、**自分は持っている資源をどう配分して目的に達するのか**を確認することが大事なのです。

持っている資源とは、料理の材料みたいなものと考えてください。

カレーをつくるにはカレーをつくるためのレシピと必要な材料があります。でも、それぞれの家ごとに、少しずつレシピも使える材料も違うはず。それでも、自分の手持ちの材料と、自分でできる方法で最終的に「おいしい」と思えるカレーが食べられれば、それでいいいですよね。

しかし、そうやっておいしいカレーをつくって食べるには、まず自分が用意できるものを把握しなければ始まらないわけです。

Point

強い「目的意識」をつくれないものは、遅かれ早かれやめることになる

4 「2920時間」の使い方をざっくり決める

自分が持っている資源（＝時間やお金や人間関係など）のあらゆるものをどのように使えば、目標が達成できるのか。

それを考えるときにとても重要なのが、冒頭でも少し触れた「自分に変えられること」、つまり「自分がコントロールできること」に集中することです。

私たちの周りの環境にはいろいろなものがありますが、それらはすべてふたつに分けることができます。自分がコントロールできるものと、できないものです。

自分が変化を与えられないものについていくら思いわずらったところで何の意味もありません。心理学でも、自分が変えられるものに集中している人のほうが成果をあげやすいという研究結果があります。

自分は無意味な悩みに振り回されていないか、まずはそこを見極める必要があります。

お金で「コントロールできる時間」を増やす

たとえば一般的な会社員であれば、「就業時間」は自分で変えることが難しいと思います。「勉強に使いたいので就業時間の半分を使わせてください」などと上司に言ったら、上司の目は点になるでしょう。

人間が与えられている時間はみな平等で、一年間なら8760時間。

睡眠時間を一日8時間とすると、活動に使えるのは5840時間。

さらに学生や社会人であれば、学校や仕事などに半分は使うので残りは2920時間。

つまり、最大でも**一年間で自分のために使える時間は、全時間の三分の一程度しかない**わけです。ですが、逆に考えると、この約3000時間は自分でコントロールして使うことができる時間ということにもなります。

しかし、それでは自分の目標を達するのに足りないのであれば、何らかの工夫をしてコントロールできる時間を増やさなくてはいけないという課題が見えてきます。

努力によって達成したい自分の目標が、いまの会社での直近の評価よりも大事なのであ

あなたの「持ち時間」はどれくらい？

1年間 ＝ 8760時間

↓ 睡眠時間を引くと？

5840時間

↓ 学校・仕事などの時間を引くと？

2920時間

自分の時間の「総時間」を把握する

れば、休職するという選択肢もありますし、時間をつくりやすい仕事に転職するという選択肢も出てきます。

　そこまでするほどではないけれどもう少し時間がほしいということであれば、**「時間をお金で買う」という選択肢があるで**しょう。

　仕事の一部をアウトソーシングして時間をつくったり、通勤に時間がかかっているのであればグリーン車通勤にして、ゆっくり座って通勤時間を自分のための時間に変えるといったことが考えられます。

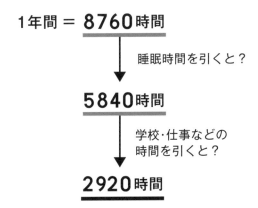

「自分が変えられること」だけに集中する

他人をコントロールするのは難しいですが、自分をコントロールすることは、それに比べればやりやすいはずです。

自分をコントロールするというと、なんだか難しそうに聞こえますが、**「自分で自分に素直になる」というのもコントロールのひとつ**です。これは松下幸之助さんの本で学ばせてもらったことですが、経営の神様といわれて成功した背景には、松下さんが自身のネガティブな部分に対して素直に向き合っていたということがあったといいます。

お金がなく、身体も弱かったので、学校にも通えず丁稚奉公《でっちぼうこう》から商売を覚え、とにかく自分には何もないことを自覚していたので、いろんなことを素直に人に聞いて学んだ。自分にも他人にも素直でいたからこそ、多くのことを学べた。それがすべての原点だったということを本で読みました。

松下さんになぞらえるのはおこがましいですが、私も高校生のころまで「自分にはできることが何もない」と思ってきました。

けれど、すでにお話ししたように、自分と向き合わざるを得ないことが起こり、それから本を読むようになり、自分にできないことがあったとしても、それが悪いことでもすべてでもないと考えられるようになりました。

「最初の一歩」を踏み出す人はごく少数

できない自分がいるのは事実。だったらできる人に素直に話を聞いて、受けたアドバイスをそのまま実行してみればいいと考えたわけです。

何かを成し遂げている人とそうでない人との差は**「努力の差」というよりも、物事に対する「素直さの差」のほうが大きい**のではないか、そう思うようにもなりました。

素直さなんて能力ともいえないような能力で差が出るものだろうかと思う人がいるかもしれません。しかし、これが意外と大きいのだと私は思っています。

さきに、努力の「ツボ」を知るには人に聞く、あるいは人のやり方を知って、それを真似すればいいという話をしました。

これを読んで「なるほど」と思ってくださった人もいると思いますが、じゃあやってみようかなと思って実際に行動に移す人はおそらくとても少ないはずです。だからこそ、そこで「差」が生まれるのです。

人にあまりアドバイスを求めない人はプライドが高いのだと思います。

自分に自信があるので、自分のやり方に固執《こしつ》してしまって、新しい方法を取り入れることができません。

その結果、気づいたら、どんどん新しいことを素直に試して取り入れていく人とのあいだに大きな差が開いてしまっているというわけです。

Point

成功を重ねている人は、さまざまなことを「軽い気持ち」で試している

5 将来の自分を「過去形」でとらえる

「将来の自分」を意識する。

これは目標の達成を目指すにあたってとても大事なことです。

心理学でも、将来の自分をはっきりとイメージすればするほど（将来の自分を身近に感じられれば感じられるほど）、人は将来の自分のためになるような行動をとるということが、さまざまな実験から確認されています。

将来の自分を身近に思い描くためにお勧めしたいのは、将来の自分を「過去形」で考えることです。

私は高校時代、偏差値30の状態から倍以上の偏差値が必要とされる同志社大学に入学することを目標にしていたわけですが、この目標を持ったとき、私はすでに自分が同志社大学のキャンパスで勉強している姿を思い描いていました。

「同志社大学に入りたい」という未来形でなく、もう合格して入ってしまっているという「過去形」で自分の姿をイメージしていました。**自分はたしかにこの大学に行くんだという感覚を受験前から持っていた**のです。

これは後にケンブリッジ大学大学院に進むためにイギリスに渡ってＥＦ（Education First）というスクールの大学院進学準備コースに通っていたときも同じでした。

準備コースには本当にたくさんの国から学生が集まってきていたのですが、それでもケンブリッジやオックスフォードに進みたいという人はそんなにいません。私よりはるかにできる学生ばかりだったにもかかわらず、です。

周りからは、そんな簡単なものじゃないよということも言われました。それでも私は、自分がもうすでに、街全体が中世の教会建築に囲まれたようなケンブリッジで学んでいる姿をずっと頭に描いていました。

将来像を自分に刷り込む「3つの方法」

なぜ、そこまで「将来の自分」を強くイメージできたのかというと、なりたい自分を見つけるために必要な「3つの方法」をやっていたからです。

1つ目は、身のまわりで**すでに目標を実現している人たちをたくさん見ること**。見るというより、観察するといったほうがいいかもしれません。自分がやりたいことをすでに実現している人たちは、どういう人たちなのか。できればその人たちと直接話をして、そのプロセスを聞いたりします。

2つ目は、講演会に出かけるなどして、そういう人たちの話をじっくり聞くこと。自分が思い描いているようなことを**実際にできている人がいるんだと強く思えるようになることが重要です**。

3つ目は、本やブログ、SNSなどでそういう人たちの存在に触れるという方法です。こんな生き方がしたい、こんな自分になりたいと惹かれる人がいたら、その人が発信しているものを定期的に読む。

そのときに、特定の人だけに絞るのではなく、いろんな人の生き方、考え方、行動から自分が取り入れられるものをミックスしていくのがお勧めです。特定の人のやってきたことをすべて自分で再現することは不可能ですが、いろんな人のいいところを取り入れることはそう難しいことではありません。

人間は、自分の目で見たものは信じられるし、強く印象に残ります。ある目標を達成したいと思っていても、その目標を達成した人を一度も見たことがなければ、自分がそれを達成できるというリアリティが湧いてきません。

直接的にでも、ネットなどを介して間接的にでもいいので、さまざまな人の活躍に接し、なりたい自分のイメージが自然と湧いてくるように意識してみてください。

「行動」ではなく「状態」で考える

将来の自分のイメージを意識するときにもうひとつ大事なことは、「Ｄｏ」ではなくて「Ｂｅ」で考えることです。

「Do」＝何をするかではなく、「Be」＝どういう自分になっているかを考えるのです。

英会話の習得を目指しているのであれば、英語を話せるようになりたいと漠然と考えるのではなく、英語を使ってスピーチをしたり交渉をしたりしている自分の状態をイメージするということです。

そんな将来の自分のまわりの環境や状態、思っていることなどをイメージすることで、将来の自分像のリアリティが強く喚起《かんき》されます。

私は学生さん向けの講演などでは、「Ｂｅ」を効果的にイメージするために「1年後プロフィール」というものをつくることを勧めています。

すでに目標を達成している1年後の自分が、どういう自分になっているかというプロフィールをいまから作成するのです。

このときのポイントは**具体的な数字も含めながら作成すること**。

多くの人に自分の経験を伝えることを仕事にしたいと考えているのなら、「1年後に年間2万人の前で講演して、自分の経験をシェアすることで勇気を持ってもらえるような自分になっている」といったことを書きます。

その自分はどんな服装をしてどんな思いでどんなことを話しているのか。1年前の自分に対してはどんなことを思っているか。新たにどんな目標を抱いているか。ディテールを詳しく書くほどに将来の自分像が明確になり、いまのモチベーションにつながります。

将来の「Ｂｅ」のイメージがはっきりすればするほど、そこに至るために必要な行動もより切迫感をもって見えてきます。今月のうちにせめてこの程度はがんばっておかないと、1年後にあの状態になれるはずがないよな、などと実感的にわかってきます。

Point

目標達成した自分の「ディテール」を考えてみる

6 「方向性×モチベーション×資源」を利用する

人生や仕事の結果は「考え方×熱意×能力」で決まる――。

これは京セラの創業者である稲盛和夫さんが、**「平均的な能力しか持たない人間が偉大なことを成しうる方法はないだろうか」**という問いに対して、自身の経験から考えだされた公式です。

私は京セラのお膝元《ひざもと》の京都で生まれ育ったということもあって、稲盛さんには尊敬の念を抱きつつ勝手に親近感を持っているのですが、この公式を目にしたときは「これは努力にも当てはまるのではないか」と励まされる思いがしました。

そこで、これにならって努力に大切なことの3要素を考えてみたのですが、それは「方向性×モチベーション×資源」と言えそうです。

いちいち苦しまなくても「結果」は出せる

まず努力の「方向性」というのは、目標に向かって真っすぐ努力できているか、ツボを見つけて効率的に努力できているかどうか。

「モチベーション」は文字通りそのままの意味です。目標に向かって自分を駆り立てる力がきちんと働いているか。

最後の「資源」は、自分はその努力をするのに、どれだけの時間やお金などを用意できているか、ということです。

この「方向性」「モチベーション」「資源」をうまくミックスさせて仕組み化できれば、**そんなに努力を意識して苦しまなくても人生や仕事、勉強でも結果は出せる**わけです。

努力の方向性は見つけられたとしても、そこに向かっていくモチベーションがどうしても湧いてこない。そんなときはどうすればよいでしょうか。

モチベーションには自分の内側からやってくるものと、外側から持ってくるものがあります。

自分の内側のモチベーションというのは、純粋な「やりがい」のようなものです。外にあるモチベーションというのは、たとえば仕事であれば「お金」というものがあると思います。

仕事自体にやる気はしないけれど、お金を目標にすることでモチベーションが上がるのであればそれでもいい。要は、**自分の努力を続かせるための「ニンジン」を何にするかを明確に設定する必要があります。**

「結果の出る公式」に自分の方法を当てはめる

この「方向性×モチベーション×資源」の公式で私は、3つの要素をどのように掛け合わせていけるかというところに大きなヒントがあると考えています。

努力の方向性をセットして、モチベーションをつくって、そこに自分の環境で使えるものを工夫して使っていく。

この際、仮にどれかの要素が小さくても、他のどれかの要素が大きければ掛け算をしてトータルとして大きな「結果」を出すことができます。

とはいえ、「方向性」が大きくずれていると、必ずしもそうとは言えない部分もあります。目標を達成するのに効果的な方法をとくに考えずに、何となく思いつきで努力している場合などがこれにあたります。

これでは「マイナス」の項目がひとつ入ってしまっているようなものです。

モチベーションもあって時間もかけているのに結果が出ないという人は、そういうこと。努力の「方向性」がズレているのです。

ですから、「とにかく手をつける」という発想はぜひやめてください。要するに自分は何ができるようになりたいのか「最終目標」を意識しなおして、それに明確に直結する努力をすること（詳しくは第4章でも説明します）。

また、この公式の3つの要素を眺めて、自分の努力には何が十分で何が少ないのか、もっと強化できる要素はないか、確認してみてください。

3つの要素をぴたっと合わせた状態でがんばることができれば、さくさく努力が進んで結果もついてくるはずです。

Point
「3つの要素」さえ合えば、大きな目標も確実に達成できる

7
「最初の3日」を乗り越える

じつは努力というのは、それ自体はそんなにつらくないものです。

それよりも「努力しなくちゃいけないのに、できていない自分」と向き合っているほうがよほどつらい。

せっかく「やる」と決めたのに「三日坊主」で終わってしまって、結局何もできていない。そんな自分を見つめることがつらいので、それだったら最初から何もしないほうがいい、などとなってしまいます。

しかし、多くの人がそうなってしまうというのは、それだけ**人にとって三日坊主が自然なこと**だからです。

「つらいのは最初だけ」と意識する

三日坊主に終わらずに努力が続いてうまく成果を出せるのは、無意識に努力ができるようになったときです。

しかし、どんな行動でも、最初から無意識にできるということはありません。

最初はやはり意識して、自分がやっていることを見つめながら、慣れない行動をしていかなくてはいけません。当然、つらいです。精神的にも身体的にも疲労感を覚えます（このあと、意識してやることをラクにしていけるルールやコツも出てきますので安心してください）。

人がなぜ三日坊主になるかというと、この「最初の3日間」がいちばんきついからです。ですが、**ここを抜けると少しずつ行動が自動化されていきます**。

自転車をこぐときも、こぎはじめは足が重いですが、それでも意識してペダルに力を伝えていくと、少しずつ車輪が回ってきます。そうすると勢いがついてだんだん力がいらなくなっていく。そんなイメージで考えてください。

これは勉強や仕事に限らず、新しいことを始めるときには何にでも共通していることです。最初の3日間は、ほとんどのことがつらくて当然だということです。

ですから最初の3日間が苦しいときには、「やっぱり自分はダメだ」と思うのではなく、「だれでもつらくて当たり前」と思ってください。そして、「いまは特別つらいけど、このあとはどんどんラクになっていく」と自分に言い聞かせてあげてください。

また、このさきずっとこの努力を続けていかなくてはいけないと考えると、どんな努力も続かなくなるので、仮の期限を決めて、まずはその期間内だけでもがんばろうと考えてみてください。

出口の見えない真っ暗なトンネルなんて、だれだって歩きたくありません。**「まずは3日だけやってみよう」と決めれば、やりはじめることに対する心理的なハードルが下がる**ので、取り組みやすくなります。

3日続けば、そのさき続けることに対するハードルが下がるので、またそこから、「今度は一週間やってみよう」あるいは「一か月やってみよう」「ゴールまで一年間だけこの習慣を続けてみよう」などと決めていくことで、ムリなく続く習慣をつくっていけます。

Point
短い期限で「習慣」をつくってみる

努力の「ペダル」をまわす

スタートするときは
努力のペダルが重い
踏んでいくうちに
ペダルは軽くなる

努力は1日続けるごとにラクになっていく

8

「何もしたくないモード」に陥らない方法

「努力」と「感情」は切り離せないものです。人は感情で動くので、楽しい感情があれば前に進めますし、いやな感情があれば立ち止まってしまいます。

ここで大事なのは、だからといってネガティブな感情に蓋《ふた》をしたりカギをかけて、感情を抑えて努力を続けてはいけないということです。

優秀な人ほど**つらい感情を無視してがんばってしまいがちですが、そんな努力は長続きしません。**

人間だから気分がいいときもあればつらいときもあるということを認めたうえで、努力を続ける仕組みを考える必要があります。自分の内にあるさまざまな感情とどう付き合っていけばよい結果に辿りつけるかを考えるのです。

いろんな感情と付き合っていくというのは、感情をコントロールするというのとは違います。

感情はコントロールしようとすればするほどできないものです。

どうしようもなくつらいとき、腹が立つとき、情けないときは、自分がそんな状態になっていることを潔《いさぎよ》く認めることです。感情に振り回される自分はダメな人間だということは決してありません。

ではどうすればいいのかというと、**感情を溜め込まずにつねに軽く出していく**のです。

どんなに成功している人でも、さまざまな感情の波があります。彼らはポジティブな感情は上手に生かして、ネガティブな感情は上手にはきだしているものです。

泣く、笑う、怒る、喜ぶ。そういう感情を出さないで溜め込んでいると、どうしてもストレスがたまって、パフォーマンスが落ちていきます。

意識的に「重い感情」をはきだす

これまでさまざまな学生や社会人の方に教えているなかで、本当にがんばり屋さんの人をたくさん見てきました。「がんばらないといけない」という意識が強く、責任感が大きく、親や周りの期待に応えたいという思いを強く持っている人たちです。

それはもちろんいいことでもあるのですが、**高すぎる意識が、自分でも気づかないうちに自分を苦しめていることが少なくありません**。

そういう方と話すと、最初はダメな自分を認めるのがいやだったり、あるいは若い学生さんであれば私から親に話が行ってしまうことを不安に思っていたりして「大丈夫ですよ」「がんばっています」などと言うのですが、やっぱり最終的には感情がどんどん溢《あふ》れてきて、自分でもどうしようもなくなって「何もしたくない状態」になっていることを打ち明けてくれたりします。

そんなふうに一度、自分のなかで「もう何もない」という状態になってしまうと、そこから次に進むために燃やすエネルギーが足りなくなってしまいます。そうならないためにも、感情は日常的に外に出していく必要があるのです。

そもそも、**努力をするということ自体、人間にとってはストレスです**。だからこそ、つらいことがあって当たり前と考えて、しんどいときは解消するという前提でいたほうがいいのです。

自分専用の「非公開」アカウントをつくる

自分の感情を日常的にはきだすといっても、やたらと周囲の人にぶちまけるわけにもいきません。そこで簡単なのが、「ツイッター」で感情のはけ口としてのアカウントをつくる方法です。

フォローする相手が完全にゼロだと仕様上アカウントがつくれないので、タイムラインに流れてきてもとくに害のない公的機関や交通機関などの公式アカウントをフォローして、自分専用アカウントをつくります。

そしてプライバシー設定で「ツイートを非公開」に設定。いわゆる「カギ付き」にして、自分以外には見られないようにするだけです。

この**自分専用アカウントを使って、思ったこと、感じたことをどんどん書き込んでいく**のです。今日はちょっとしんどいなと思ったら「はー。しんどい！」と素直な感情をはきだす。だれにも見られない前提で、いったん自分の感情を文字にしてもやもやを解消するわけです。

人間は、どんな感情もはきだしてしまうと、そのまま同じ感情でいるということがありません。漠然と抱いていた悩みは文字を書くことで整理されて、何が問題なのかが明確になってすっきりします。

また、文字になった自分の感情を眺めることで「でも、たいしたことないな」と思えたり、いらいらしていたことがあっても冷静に「まあ、いいか」と思えたりするものです。「それなら、こうすればいいんじゃないか」と自分へのアドバイスが客観的に頭に浮かんだりもします。

べつにツイッターでなくてもかまいません。**本音の感情を視覚化する機会を持てれば、手段は何でもいい**。ネットを使わず自分専用のノートに書いていってもいいでしょう。そうすれば、自分の感情から何かを発見できたり、それをまた次に進むエネルギーに変えたりしていくことができます。

努力が続かない人には、なんとなく「自分はダメ」と思い込んでいる人が多いものです。自分の感情の動きを客観視することは、この「なんとなく」の感情から脱する方法のひとつです。簡単な方法ですので、ぜひこんな工夫も取り入れてみてください。

Point
しんどい感情は、言葉で「解消」する

感情をこまめにはきだす

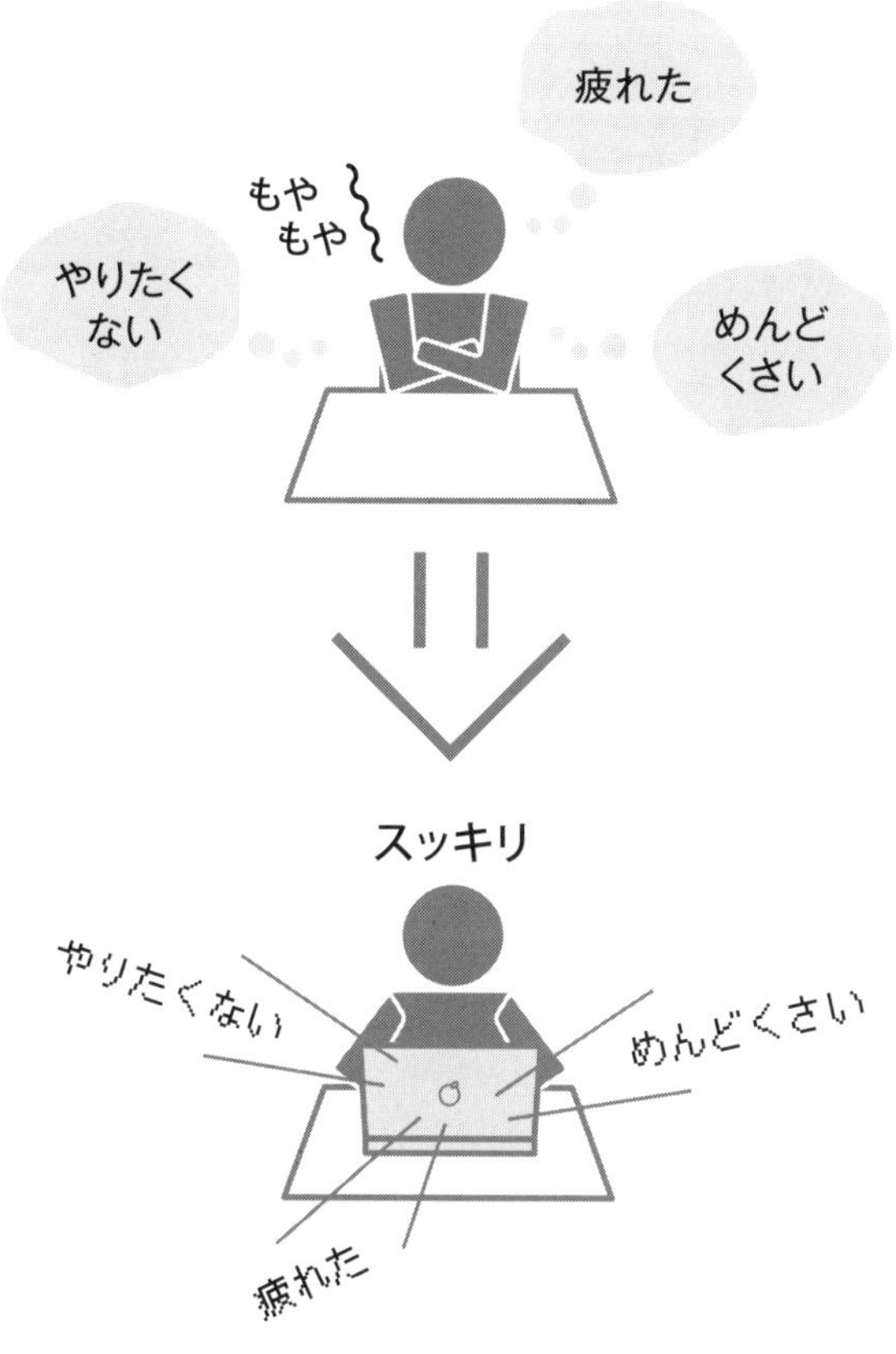

言葉にすると、重い気持ちが消えていく

9 成果より「目の前の課題」に集中する

私たちの周りにあるものには、自分が「コントロールできるもの」と「できないもの」があるということをお話ししました。

努力の方法や方向性は、もちろん自分がコントロールできることです。ですが、その**「成果」は自分だけで決定できるものではない**ことを知っておくことが大事です。

仕事なら、必ず相手がいて、こちらがどんなにいい提案だと考えて行動しても、最終的に受け入れられるかどうかは相手次第です。試験でも、出題側が最終的にどの部分をどこまで評価するか、ライバルたちがどこまで点数を稼ぐかというのは自分のコントロールの外にあります。

ですから、自分ではコントロールしようのない「成果」を意識しすぎるよりも、自分の状況を冷静に把握しながら、いまやっておくべきステップをしっかりと踏んでいくことに意識を向けていってください。

「途中経過」をステップにして行動に生かす

努力の途中でも、自分の前にいろんな結果が返ってくることがあります。

定期試験や模試の結果などもそうですし、社会人でも定期的な人事評価がありま す。そういった結果に対して、いちいち反応しすぎないこと。出てしまった結果は、それを変えることはできないので受け止めるしかありません。

そこで、なんでこうなったんだろうとクヨクヨしたり、評価されないことに反発しても、そこからは何も生まれません。だったら、**次に成果を出すためのステップとして、まずはどんな結果であれ受け止めることが大切**です。

あくまでも前に進むための「フィードバック」としてたんたんととらえればいい。結果を受け止めて、冷静に分析するのです。

よく、終わったことだからスパッと忘れて次に行こうという人もいますが、それもちょっと違います。

自分の読みや手応えと違う結果が出たのなら、そうなった原因が必ずあるのですから、そこはちゃんとつかんでおかないと、また同じような失敗をしてしまうかもしれません。

なぜ、そういう結果が出たのか。「方向性」「モチベーション」「資源」のどれが足りなかったのか、何に影響を受けたのか（何のせいなのか）など、一度しっかりと考えることが必要です。

失敗から「必要十分条件」を抽出する

うまくいかなかったときは逆にチャンスでもあるといえます。私もそうでしたが、うまく結果が出なかったときほど真剣にさまざまなことを考え、いろんな人に素直に話を聞きました。

なかには「その目標はきみには無理なんじゃない？」などとネガティブな言葉をかけられることもあるかもしれませんが、そういうときは、そんな相手の予想を覆《くつがえ》して「すごいな」と言わせてやると考えるなど前向きなモチベーションに変えてしまいます。

当然、**瞬間的には傷ついたりへこんだりもするでしょうが、大事なのは最後に結果を出すこと**です。途中でどんな結果だろうと、何を言われようと、最終的に自分が目指している目標が達成できれば、そんなことはどうでもいい。

努力が続くようになり、結果が出るようになるまでには失敗もあって当然です。むしろ、ないとおかしいくらいです。

9回失敗したら、10回目の挑戦には臆病《おくびょう》になるかもしれません。でも、自分が自分の人生で挑戦するのに回数制限なんてどこにもない。それぐらいわがままでもいいと思うのです。何度失敗してもかまわないので、失敗からひとつずつ、成功するための「必要十分条件」を見つけていってください。

Point

いちいち「結果」に期待しない

Chapter1 Summary

・「自分でコントロールできること」と「できないこと」を整理する
・がむしゃらにがんばらず、ツボを見つけて効率的に努力する
・自分が使える「全時間」を洗い出し、使い方を考える
・「実際に会う」「著作を読む」などを通して、目指す自分に近い人に接する
・「自動化」するためにいちばんつらい「最初の3日」を乗り越える
・短い期限でもいいと割り切って、ひとまず「習慣」をつくってみる
・「つらい気持ち」「しんどい気持ち」は早めに解消する

Chapter 2

努力の「仕組み化」7つのルール

——努力がラクで当たり前のものになる黄金則

いちいち「どうやって努力しよう」と考えていると、なかなか腰が上がりません。7つのルールで努力を「仕組み化」してしまえば、自分が簡単に動けるようになります。

1 「何を、どのように、いつするか」を決める

自分ではちゃんとやっているつもりなのに結果がよくない。どうしてだろう。そんなふうに、何かの事象に対して原因がどこにあるのかを探す心理的なプロセスのことを心理学で「原因帰属」といいます。

原因帰属の理論では、運や環境など外的なものに原因を求める場合と、能力や努力など内的なものに原因を求めるケースがあるとされています。

そして内的なものに原因を求める場合、能力のような安定要素（自分では変えられない要素）に原因を求めるよりも、**努力のような不安定要素（自分で変えられる要素）に原因を求めたほうが、「今度こそがんばるぞ」とモチベーションが高くなる**といわれています。

ただし、ここで考えなくてはいけないのは、「努力が足りなかった」で終わってはいけ

ないということです。いくらモチベーションが高くても何度も挫折《ざせつ》をくりかえしていると、前章でも紹介した「学習性無力感」を覚えるようになり、努力がいやになってしまいます。

それを防ぐために、「なぜ努力できなかったのか」という原因と具体的な対策を考えなくてはいけません。

自分に対する「信頼感」をかためる

努力を継続するには、「Ｗｈａｔ」「Ｈｏｗ」「Ｗｈｅｎ」、つまり何を、どのように、いつやるかを明確に決める必要があります。

そうした要素がはっきりしていないと、毎回、いつになったら始めよう、何からどう始めようなどと**「もやもやとした気持ちを抱えながら自分を律する」という余計なストレスがかかってきます**。これでは努力は続きません。

また、何を、どのように、いつやるかを決めていなければ、そのときどきで気が向くことをついやってしまい、効率の悪い努力になってしまいます。

つまり、努力すればするほど成果が出るのではなく、きちんと努力に方向性というレバレッジをかけることで成果が最大化するのだということをまず認識してください。

ここは、非常に勘違いしやすいところです。うまくいかないと「努力できていないからだ」と考えてしまう人が多いのです。

ケンブリッジ時代、教育心理学の研究で業績を持つリンダ・ハーグリーブス博士に教えを受けたのですが、彼女から叩き込まれた考え方に「自己効力感」というものがあります。

自尊心などとも近いものですが、「自分は物事を達成できる人間だ」と思える感覚が自己効力感です。

自分で定めた目標、ターゲットがあって、それが達成できるという感覚を持てているかどうか。**自分で自分という人間に対して期待感を持てているかどうかが努力が続くカギになります。**「努力しなくちゃ」と気持ちだけ焦《あせ》りながらも、努力をしたりしなかったりという毎日では、こうした期待感は育めません。

「この参考書でがんばろう」だけ決めると失敗する

つい「努力不足です」と言うのが口ぐせになっている人は、努力の本質をつかめていないサイン。そんなときは、「どうすれば努力ができるか」に意識を向けてください。そのためにキーになってくる「何を、どのように、いつ」を決めることの重要さについて、もう少し説明します。

努力を続けるといっても努力が向かっていく先が明確に設定されていないと「努力ができている感じ」がしません。自分でいつまでに何をどのように、どんなタイミングでやっていけば目的に到達できるのかが見えていないと、手応えを感じにくいので、努力が難しくなって続かないのです。

努力が続かなくなっている人に多いのが「何をするか」に比重を置きすぎてしまっているケース。

「いつ」「どのように」努力するかが考えられていないために、努力が続かなくなっているわけです。


英語の勉強で考えてみましょう。

TOEICを受験するためにリスニング（聞き取り）とリーディング（読解）の点数を上げたいとします。

そのときに、「何をするか」だけを考えて評判のいいTOEICの参考書を買ってきて何も決めずに「よし、がんばるぞ」と思っても、少し手をつけて、そのまま放ったらかしにしてしまうということになりがちです。

自分が取りたいスコアを決めて、そのスコアと現在の自分とのあいだにどれくらいのギャップがあるのかを確認し、**そのギャップを埋めるには何の勉強を何時間しなくてはいけないか**を考える必要があります。

そして、自分はテストの当日までにどれだけ時間が取れるのかを計算して、たとえば「この参考書の3章から5章を」（何を）、「毎日10ページずつ」（どのように）、「毎日22時から23時半まで」（いつ）やろうといったことを決めるのです。

「しないのが気持ち悪い」状態をつくりだす

やるべきことがたくさんあるように見えると、どうしてもやる気が出ません。

私は大学受験のとき、日本史が大嫌いなうえ当然さっぱりわかっていなかったので、まずは中学の教科書から始めました。

私にとってはそれでもハードルが高かったので、まずは歴史を時代ごとに分け、時代のなかでも節目ごとに分け……と、**1時間でできる程度の細かいステップに砕きました。**

1時間でここからここまでやればいいという小さなゴールが見えていると、嫌いな日本史でもなんとか集中力を切らさずにできます。たとえ進み方は遅くても、ちゃんと前に進んでいる感覚を持てることが重要なのです。

毎日やるべき量（何を）と時間（いつ）が決まっていて、初めてやる気が出ます。

そしてそのやる気を継続させるにはどうすればいいのか（どのように）を工夫する必要があります。

この「どのように」ということには、毎日のペースを決めること以外にも、努力をしていくうえでのさまざまな工夫が含まれます。モチベーションを維持する方法はいろいろと本書で紹介していきますが、「自己効力感を高める」というのもそのひとつ。

毎日のノルマをこなしていければ、自分への信頼感が強化されていき、ますます努力に勢いがついていきます。

そうしてノルマの解消を続けているうちに、だんだん「努力しない」ことがむしろ気持ち悪くなってくるのです。

Point

「何を」「どんなペースで」「何時から何時まで」やるかを決める

「決めていない」から続かない

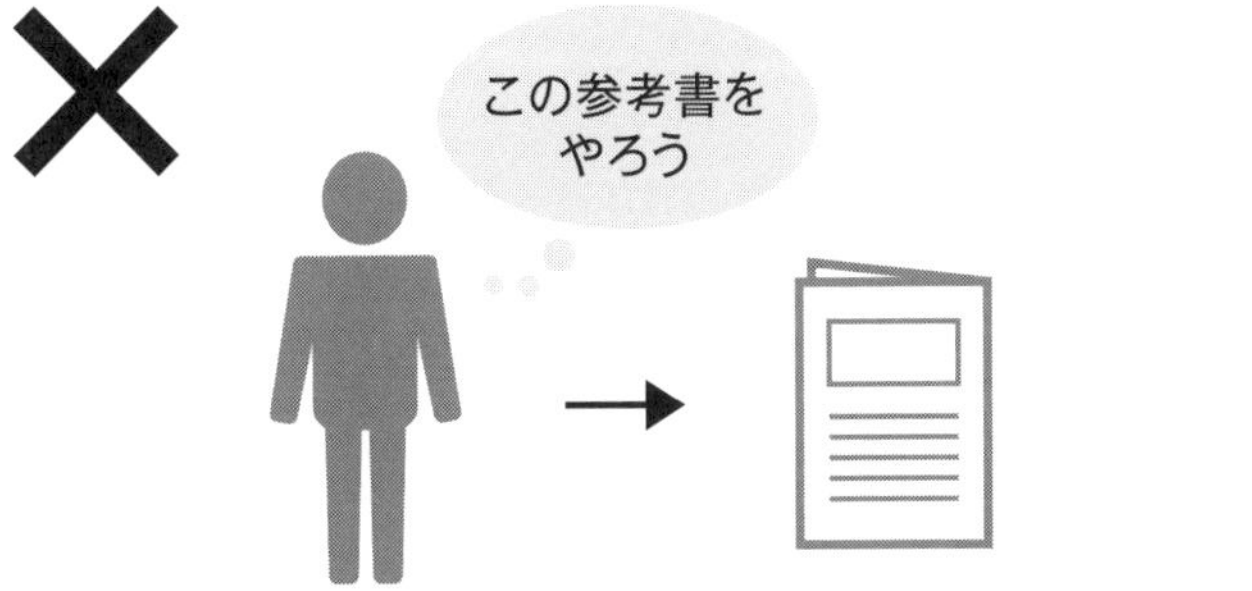

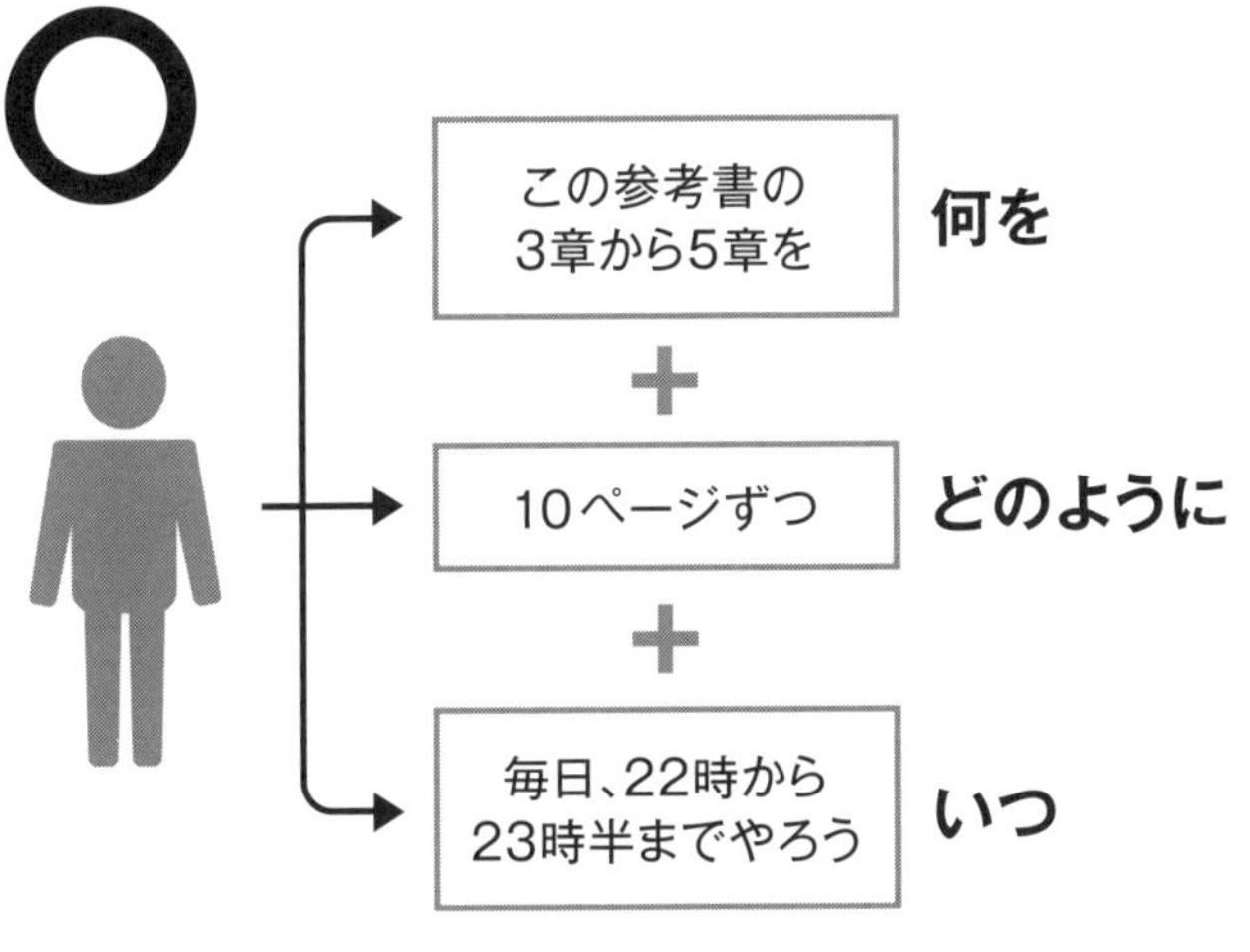

細かく決めるほど、続けやすくなる

2 していることを「たんたんと」記録していく

では、どうすれば自己効力感、つまり自分は目標を達成できるという感覚を高め、維持していけるのでしょうか。

ノースカロライナ大学の教育心理学者デール・シュンクによると、**自己効力感を高めて維持していくには次の4つの条件があります。**

1つ目は「自分が目標設定したこと」。

2つ目は「フィードバックがあること」。

3つ目は「進捗《しんちょく》が管理されていること」。

4つ目は「自分のがんばりによって達成できるという意識があること」。

これらの4つの条件がそろうと、人は自分の行動をコントロールできているという感覚が持てるので、努力が維持できるといいます。

フィードバックが「強力なモチベーション」をつくる

自分から「進んでやっているんだ」という感覚があり、「自分の成長の度合いが確認」できて、自分はいまどれくらいのところにいるか（どれくらい進んでいるか）がわかり、それでいて「目標達成できそうだ」という実感を持てれば、自分を動かしていくことができるのです。

しかし、**「自分は本当に目標に近づいているのか」や「いま自分がやっていることは正しいのか」に確信が持てないと、つい足が止まってしまいます。**

評判の参考書を買ってきてやみくもに勉強しているだけでは続かないというのは、まさにこの状態です。

ダイエットなどでも同じ現象が起こりがちです。

新しいダイエット法が評判になるたびに次々と試してみるけれど一向に結果が出ない。結果が出ないからもっと効果が出るという評判の方法を試してみるけどやっぱりダメ、というくりかえしをしている人は多いのではないでしょうか。

これはべつにそれぞれの方法が悪いわけではありません。「何をするか」を決めただけで、「フィードバックをどう取るのか」「どうやって進捗を管理するのか」を決めていないために、どんな方法を試しても結果につながらないのです。

ちなみに自分の体重とその日の食事や出来事を記録していく「レコーディング・ダイエット」が比較的続けやすくて効果が出やすいとされるのは心理学的にうなずけます。

これはフィードバックを強く意識した方法です。

「自分は何を続けているか」と「その効果」が目に見えてわかるだけで、それくらい強力なモチベーションになるのです。

ダイエットと違って、毎日フィードバックを得にくい努力もあるかと思いますが、それでも、自分がしていること（何をどれくらいやったか）を記録していくことは、「自分が自分の行動をコントロールできている」という感覚につながるので、努力を続けていくためにはとても効果があります。

Point

ノートでもPCでもいいので「メモ程度」の記録を毎日続ける

3 スモールステップで「成功体験」をつくる

臨床心理学で「コーピング・クエスチョン」というものがあります。

コーピングとは「問題に対処する」という意味のある臨床心理学用語で、コーピング・クエスチョンとは、問題を抱えているクライアントに対して、**「では、どう対処するか」という具体的な解決策を引き出す**ための質問です。

その方法のひとつに、過去の成功体験から、「なぜそれができたのか」を自問させることで自信を回復させるというものがあります。

このアプローチは、努力を続けていくためにも使えます。

日常生活のなかで、とくに続けようなんて考えていないのに続いてしまっていることはありませんか。どんなに小さなことでもかまいません。

あるいは、過去の体験で、どういうわけかこれだけは自然に続けることができたということはありませんか。

自分が「できた」「できている」ことが見えてくれば、「自分はやればできるんだ」ということの確認になり、自己効力感を高めることができます。

経験から「自分に合う方法」を見つける

また、その行動が続いたのは「なぜ」なのか、自問してみてください。

自分がこれまで自然に続けられたこと、大変だったのに乗り越えることができたことを掘り下げていき、**「これがあったからできた」ということが見つかれば、いまの努力を続けるためのヒントになります。**

かつて入試の勉強をがんばれたのは、毎日決まった時間に勉強できる環境があったからかもしれません。それなら、いまの環境でも「決まった時間」に努力できる環境づくりをしてみればいい。

学生のときに毎日ひっきりなしに読書をしていたのは、まわりに本の話をできる人がいたからかもしれません。

それなら、いまの努力についても、話を共有できる友人や知人をつくる、あるいはSNSで毎日進捗状況をシェアするといった方法も試す価値がありそうです。

少し「チャレンジ」の必要なことをやってみる

けれど、思い返してみても自分には「これが続けられた」と自分で肯定できるものが思い出せないという人もいるかもしれません。でも、大丈夫です。

それなら、いまから小さな成功体験をつくればいいのです。

このとき、**やってみることを大きく考えすぎないことが重要**です。まずは、少しだけチャレンジが必要なことをやってみてください。

自分がやりたい努力と関係するチャレンジであればいちばんですが、べつに関係のないことでもかまいません。チャレンジに成功すること自体が自己効力感を高めますし、他のチャレンジをするにあたってもヒントになります。

たとえばいつも朝7時に起きている人なら、1時間だけ早めて6時に起きることを、まずは一週間やってみるといいと思います。

それがうまくできないときは、**自分がダメなのだと考えるのではなく「設定」の仕方が**

間違っていたと考えます。

6時に起きるのが続かなかったのならば、6時という「設定」が間違っていたわけだから、6時半にしてみる。あるいは、起きる時間は6時のままにして寝る時間を30分早めてみる。そのようにして、「もっとがんばる」というアプローチ以外の方法で仕切り直して再チャレンジしてください。

もしくは、最初の一週間はだれかに頼んで起こしてもらう方法でもいいのです。それでリズムをつくることができれば、努力がより簡単になっていきます。

すべて自分でがんばろうとする必要なんてありません。

そういう発想をしたとたんに努力が苦しいものになってしまいます。つまり、努力が続かなくなるということです。

あなたの努力の目的は「苦しい努力をすること」ではありません。自分の目標を達成することです。そうであれば、「人」を含めた自分の「資源」を最大限に動員して、少しでもラクに努力を続けていくことです。

Point
失敗したら、もっとがんばる「以外」の方法で再トライする

続かなかったらどうする?

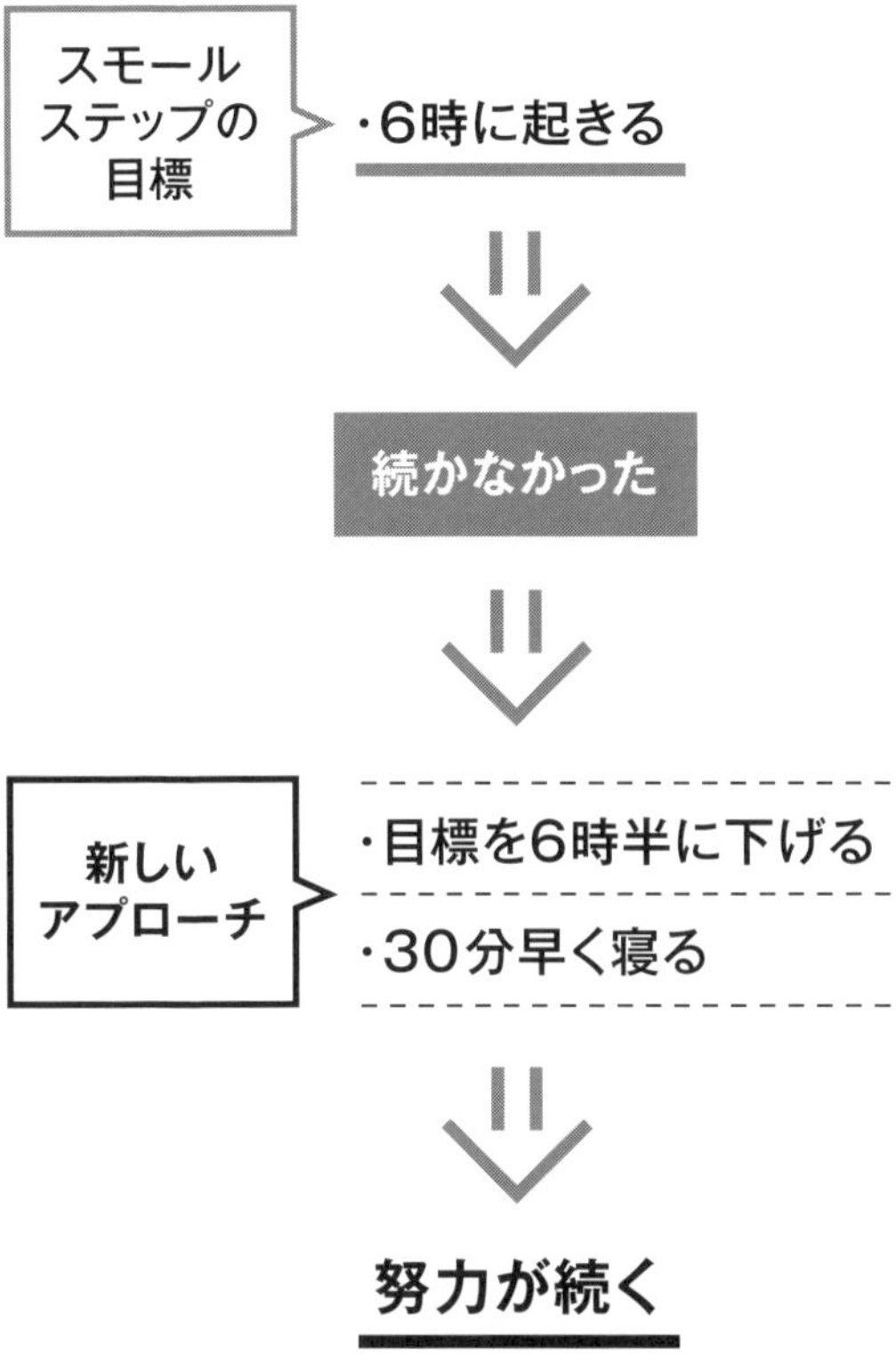

精神論ではなく、「具体的な対策」を打つ

4 痛みをともなう代償を「先出し」する

何かをやろうと決めたのに、いつも途中で挫折してしまう。

それも、大きなアクシデントがあったからというのでもなく、気がついたら続かなくなってしまっていることが多い……。

それを防止する戦略のひとつとして知っておいてもらいたいものに「代償を先出しする」という方法があります。

目標を決めてがんばろうというときには、**さきに「お金」を投じたり、大事なものを捨てるなど、目標のために「犠牲」になるものをつくってしまう**のです。

たとえば英会話を上達したいと思ったときに、英会話学校の半年コースなどにまとまった金額を振り込んでしまうというのがいい例です。

英会話を勉強したいと思っているだけでは、いろんな理由をつけてサボってしまい、そのうちにあきらめてしまったりするものです。

ですが、さきに学費を払い込んでいたら、それがもったいないという気持ちが努力の継続の後押しをしてくれます。

「もったいないこと」をして、自分を追い込む

私のことでいうと、私は昔からとても太りやすい体質です。子どものころは食べたい欲求をコントロールできずに、アイスクリームのファミリーパックをひとりでたいらげてしまうぐらいで、学校のクラスでもいちばん太っていました。

ケンブリッジにいたときも体重は83キロありました。もちろん、とくに筋肉質で重かったわけではありません。

勉強はがんばって修めたけれど、もうちょっと痩《や》せないと、人前で話したりするときに体裁が悪いと思いました。そこで、ダイエットにも努力の方法論を使うことにしました。

そのとき、とくに**この「代償の先出し」は抜群の効果がありました。**

具体的にいうと、ちょっともったいないのですが、「ダイエットするぞ」と決めたその

日に、「食べない」と決めた食べ物を捨ててしまいました。

食事制限をするのであれば、いま家にあるものも結局は食べないものがいろいろと出てきます。

であれば、その「代償」は先に出してしまおうということです。

とくに炭水化物やお菓子類は思い切って捨てていきました。

それもちゃんと**「よく見てから」捨てました**。いちいち確認してから捨てることで、「あれも捨てた、これも捨てた」という意識が強く持てます。

こんなにもったいないことをしたのだと思うと、がんばらずにはいられないという意識がセットされるのです。

私はこれで5か月で20キロ以上も痩せることができました。

ひとつずつ「逃げ道」をつぶしていく

大学受験のときは、テレビ、マンガ、ゲームなどを「処分」しました。

さすがにテレビを捨てると親に怒られるので、配線を全部抜いて、リモコンも親に預けて、自分にとっては捨てたも同然の見られない状態にしました。

マンガやゲームは古本屋さんに売りました。実際には、（私はそこまではできませんでしたが）売らずに捨ててしまうほうが「ここまでやったんだから……」と感じられる効果は高いかと思います。

努力のような、何らかのストレスがかかることをするとなると、**人はさまざまな逃げ道を探してしまうもの**です。

ダイエットにとってのつまみ食いや、勉強にとってのテレビやマンガがそれにあたります。「代償を先出し」することによって、そうした逃げ道をふさぎつつ、心理的に自分を「せざるを得ない」状況に追い込んでしまうのです。

Point

もったいなければもったいないほど「せざるを得ない」心理が生まれる

5 毎日「タイムリミット」の中で動く

何かの作業をする際、締め切りまで「あと何日かしかない」という状況のときと、「まだ何日もある」というときとでは、どちらがやる気が起きるでしょうか。

脳の仕組み的には、一定の緊張感があるときのほうが集中できるといわれています。

逆に、とくに時間の制約もなく、いつやってもいいという状況だと、なかなか自分にスイッチが入らないのはみなさんも経験があると思います。

適度な緊張感があり、ちょっとがんばれば目標が達成できそうなことが見えている状態のときが、いちばん集中力が高まります。

そのような、自然と集中力が高まる状態に自分を持っていくには、まず、自分に与えられている時間がどれだけあるのかを把握《はあく》しなければいけません。

集中力のスイッチがなかなか入らず、努力が続かないという人は、自分がどれだけの時間を持っているのかをわかっていないことが多いのです。

私たちには一日に24時間という時間が平等に与えられています。それ以上はどれだけがんばっても増やせません。24時間という時間を有効活用することでしか何も生み出すことはできないわけです。

まず、時間そのものがとても限られた貴重なものだということを意識すること。そこが欠けていると、時間をどう配分して使っていくかという考えが出てきません。

基本的には、私は勉強をするのなら「朝」の時間をうまく活用することをお勧めします。**朝は、ほとんどの人にとって「制約」のある時間**だからです。反対に「夜」の時間は引き延ばしができます。

リミットがなくて締め切りを引き延ばせるという状態では、なかなか集中して作業をすることができません。

同じ期間で「結果を出せる人」「出せない人」の違い

時間が限られているという大前提のなかで「何が自分にとって重要なのかを明確にする

こと」は、努力を続けられるようになるために大切です。

私がそのことに気づかされたのは大学受験のときでした。経営者の人が書いた本などを読むなかで、時間管理の重要性を学んだのです。

それまでは、同じ期間があって結果を出せる人と出せない人がいるのは、そもそも持って生まれた能力が違うのだろうと考えていました。

ですが、そうではなく、自分が使える時間をできるだけ正確に把握し、その時間のなかで**何をどんなスケジュールでやっていけば結果に達するかを考えているかいないか**が違いを生むのだと知ったのです。

持っているすべての時間に「やること」を振り分ける

さきにも「いつ」「何を」やるかを細かく決めることの重要性には触れましたが、たとえば一週間を前にして、目標に向かうための「努力の時間」がどれだけ確保されているかを把握していないと、スケジュールが立ちません。

ですから、まずは自分が毎日使える時間は何時から何時なのかを明確にします。

つぎに、自分がやらなければならない項目をリストアップします。

大学受験の勉強なら現代文、古典、日本史、英語……さらに英語は、英文法、読解、英作文というようにセグメント分けして、やるべきセグメントの合計が10項目になったとしましょう。一週間のうち「努力の時間」が20時間しか確保されていなければ、1項目に2時間ずつしか使えません。

目標達成の締め切りを考えたときに、そのペースで間に合うのかどうか。とくに苦手な項目を何とかしたいのなら、得意な項目の時間を減らして苦手なものに割り当てるといった調整も必要です。

時間をなんとなく使うのではなく、目標達成までの道のりの全体像を把握して、**それぞれの時間の用途を明確にしてやると、細かなタイムリミットがたくさんできてきます。**目標によっては時間がぎりぎりということが見えてくることもあるでしょう。するとそのことがいい緊張感になり、集中力が生まれます。

また、こうして時間を「マネジメント」して、やることをバランスよく振り分けていけば、確実に目標に至る道が見えてきます。

Point
「やること」も「時間」も小さく切り分けていく

6 退屈な作業は「短時間」でくりかえす

時間をマネジメントするときは、それぞれの作業に適した長さの時間を振り分けることがコツになります。

単語を暗記するという作業なら、作業の長さより回数を増やすほうが効率がいい。

ですから、1時間ぶっ続けでやるのではなく、たとえば15〜30分単位の細切れの時間を割り当てて、くりかえしやります。暗記は単調な作業なので、一度に長くやったところで脳も飽きてしまってなかなか記憶が定着しません。

反対に読解をしていくのであれば、ある程度まとまった時間を確保して集中することが重要なので、60〜90分をひとつの単位にします。このように、やることが「作業系」なのか「思考系」なのかを分けることで時間の活用法が変わってきます。

一日の時間の使い方でいうと、論理的に物事を考えたり、アイデアを出すことは集中力を要するので、その手の「思考系」の作業は脳がよく働く朝にすることをお勧めします。

夜は、その日に入ってきた情報がいっぱいで脳が疲れているので、暗記などの「作業系」に割くことをお勧めします。**いわゆる「スキマ時間」も、作業系のことをやるのに向いています。**私自身、昔もいまも単語の勉強はできるだけスキマ時間にしています。

自分の生活時間全体を把握すれば、必ずどこかに中途半端なスキマ時間が出てきます。そんな半端な時間も、「作業系」のことになら利用できます。あらかじめ自分のやるべきことを「作業系」と「思考系」に分けて、いつ何をするのかをはっきりさせておけば、退屈な「作業系」のことも効率よくこなせるのです。

対策なしに「スマホ」には勝てない

自分の時間の全体像を把握するなかで、ふだんどんな「時間泥棒」にどれだけの時間を取られているのかも確認してみましょう。

最近、もっとも「被害」が多発している時間泥棒はスマートフォンです。

ＳＮＳやソーシャルゲームなどは、暇つぶしや気分転換にはいいですが、限られた時間で何かを達成したい人にとっては要注意です。

気がつくと膨大《ぼうだい》な時間を盗まれていることがよくあります。5分ほど気分転換をしようと思っていたはずが、いつの間にか何十分も費やしてしまっていたりします。

こうした時間泥棒を遠ざけるには、それを物理的にできないようにするのがいちばんです。スマホのゲームであれば、アプリを削除してしまう。**完全にできないようにするのが難しければ、気軽にはできないようにする**ことが次善の策です。

SNSであれば、毎回ログアウトする習慣をつけてみてください。ログインし直すという面倒なひと手間がクッションとなって、SNSを開く頻度《ひんど》を減らすことができます。

私が教えている学生のなかにも、勉強に集中するために「アカウントを削除しました」と言ってくる子がいます。いまやSNSは学生間で重要なコミュニケーションツールになっていると思いますが、自分の「やるべきこと」と「持ち時間の総量」を割り出すと、それくらい時間泥棒を追い出すことに真剣になってくるのです。

24時間、「いま、何をしているか」を把握する

ここで重要なのは、何かをやめることではありません。要は時間泥棒に何となく時間を

脳にとって「効率的」な時間術

朝 ▶ **思考系**

計算

読解

企画

アイデア

夜・スキマ時間 ▶ **作業系**

暗記

書き取り

メールの返信

雑務

集中力が必要なことは朝にまとめる

奪われるのを少しでも食い止めること。自分の時間の使い方に対して、できるだけ意識を高めることに意味があるのです。

とはいえ、時間泥棒はこちらが「無意識」のうちに時間を奪っていくことが多いので、つい侵入を許してしまったりするものです。

そこで、自分が時間をコントロールできていないなと感じたときは、自分が何に時間を使っているか、リアルタイムで書き出していってみてください。

一日を過ごしながら、「いま、何をやったか」を次々と書き出していくのです。

自分の机の上にメモ用紙などを置いて、やっていることの区切りごとにリアルタイムでログを残していきます。電車などで移動中に何をしていたかもすべて書き出します。

そうすれば、自分はどういうときにどんな時間泥棒に侵食されていて、本来なら「使える時間」がどこに潜んでいるかということが見えてくることと思います。

Point

自分の持っている時間をすべて「見える」ように書き出してみる

7 「できる」「できない」を冷静に見きわめる

そもそもあなたが努力を続けるのは、何のためでしょうか？

進学のための受験だったり、採用試験を受けること、あるいは資格を取得することだったり、仕事で大きな企画を成功させることだったり、そこには必ず何らかの目標があるはずです。

重要なのは、その**目標を達成するために、「本当に必要な努力」と「必要でない努力」を見きわめる**ことです。

それをやることが成果につながるのかを考え、成果につながるプロセスをイメージすることは、じつは努力そのものよりも重要です。

さきにも「ツボ」、つまり「少しでも目標に近づくためのポイント」を見つけることの大切さについて話しました。何も考えず、がむしゃらにやることも、人によっては気持ちのいいことかもしれません。しかし、「やった感」があることをしたからといって、目標に近づけるわけではありません。

すべてが「中途半端」になるリスクを避ける

また、「ツボ」を押さえるということに加えて、これもできればさらに効果的なのが、「得意なこと」をするということです。

人には「向き、不向き」や「得意、不得意」があります。当然のことながら、**どうしても不得意なことをしても続きにくいですし、成果も出にくい**ものです。

目標によっては、不得意なことをしなければどうしようもないということはあるかと思いますが、不得意なことを避けられるのであれば、可能なかぎり避けたほうが目標達成の成功率は上がりますし、努力の効率もよくなります。

そもそも人には不得意どころか「できない」こともありますから、そこは客観的に自分の適性を見きわめる必要があります。

たとえば、私は大学受験のときもそうでしたが、いまでも数学や計算は得意ではありません。

ですから受験のときは理数系を捨てて、文系で勝負できる志望校にフォーカスしました。**こうしないと偏差値30以上を一気に上げることは「現実的に不可能」だった**からです。

スクールの経営をしているいまも、この苦手は変わっていません。

経営の基準になる細かい数字を計算するのは得意な人にやってもらっています。

自分がフォーカスすべきなのは数字の計算ではなく、そこから上がってきたさまざまな経営指標を見て課題を発見したり、改善策を考えることだからです。**それでこそ努力の効率が上がる**、つまりより効果的に生徒やスタッフに貢献できると考えているのです。

自分が持っているエネルギーや時間、お金などの「資源」をどう使えば、いちばん自分にとってよい成果が得られるのか。

戦略なしにすべてにエネルギーや時間、お金を使っていると、結局すべてが中途半端になってしまいます。あえて自分ができないことには「資源を使わない」という選択も必要だということを改めて意識してみてください。

Point
自分の適性を客観的に判断する

Chapter2 Summary

・「何をするか」だけでなく、「いつ」「どのように」するのかを決める
・力まずに、簡単な「メモ」で自分のやる気を管理する
・努力が続かないときは、「設定」を変えて再チャレンジする
・「もったいないこと」をして自分を後戻りできなくする
・あらゆる自分の持ち時間に「タイムリミット」を設ける
・自分がいつも「何に時間を費やしているか」を知る
・それは本当に「できる」のか、冷静に考えて見切りをつける

Chapter 3

努力が勝手に「続いてしまう」技術

——「あの手この手」で自分を動かすテクニック

努力は「習慣化」してしまうのがベストです。

そのテクニックのなかでも「劇的に効く」ものを集めました。以下のどれもが、努力を自動的に続かせるための強力な武器になります。

1 自分が「裏切れない」相手と約束をする

「努力に勝る天才なし」という言葉があります。生まれ持っての才能があるよりも、がんばることのほうが大事だということを表現した言い回しですが、個人的には日本的な精神論が垣間《かいま》見えるようで、なんとも重苦しいものを感じます。

そこで私は、この言葉を**「習慣に勝る努力なし」**と言い換えて使っています。

何かを必死にがんばる人よりも、習慣にしてしまえる人のほうが強い。それだけ習慣の力は強力だということです。

いくら「努力しよう」と思っても努力は続きません。精神力に頼ってがんばるよりも「習慣化」することに労力を傾けたほうが成果は出やすくなります。

では、どうすれば自分のしていることを「習慣化」できるのか。方法はいろいろとありますが、それらを組み合わせて使うことで自分を動かすことができます。

たとえば、人との約束は強力な「推進力」になります。「この人との約束は破りたくない」という相手と約束することでプレッシャーがかかり、習慣を継続する力が働きます。

この場合、ただの友だちと約束するよりも、**約束を守らないと組織やコミュニティでの自分の評価が下がってしまうような関係性の相手と約束する**ほうが、より強制力が働いてよいでしょう。

私の場合、ケンブリッジから帰国後に英検1級の試験を受けたのですが、見事に落ちてしまったことがあります。

これから日本の大学生たちに英語を教えようというのに、これではダメだと思い、自分の経営する語学学校のスタッフたちの前で次のような宣言をしました。

「次回、英検1級を取れなかったら坊主にします」

社員の中には「塚本さんは坊主が似合いそうだから見てみたい」という声もあったのですが、それは軽く受け流して挑戦し、無事に坊主になることなく目標を達成できました。

スタッフに口先だけだと思われたくないという気持ちが、プレッシャーとして効果的に働いたのです。

がんばる他人と付き合えば、自分もがんばってしまう

また、初等教育の研究をしているケンブリッジ大学の心理学者のルース・カーシュナー先生から学んだこととして、「環境が意思決定にいかに大きな影響を与えるか」ということがあります。彼女の理論にしたがえば、同じ目標を持っている人と一緒に努力することはとても強い推進力になります。

心理学で実証されている自己効力感を高める方法のひとつとして「代理強化」というものがあります。これは、自分が達成したいことを**他人が達成する過程を見ることで「自分もできるんじゃないか」と、意欲や期待を高めることができる**というものです。

朝の勉強を習慣化したいのなら、同じ目標を持つ人を誘って、毎朝1時間一緒に勉強会をする「約束」をしてしまうという方法が考えられます。これなら人と約束をしつつ、人が努力している姿も目の当たりにできるので、お互いに習慣化を促進する力が働きます。

Point
大変なことでも「一緒にやる」ことで自然に続く

2 「努力ともいえない努力」を身体に覚えさせる

習慣をつくるのに「これだけは絶対にはずせない」ということがあるとしたら、それは「スケジュール化」です。

さきに、毎日に細かな「タイムリミット」を設定して、やるべきことをスケジュールに細かく落とし込んでいくという方法について話しました。

しかしそれでも挫折するということは十分にあり得ます。**その原因として考えられるのは、ハードルが高すぎるということ**です。

教育心理学では、学習者の能力を高めるための戦略として「スキャフォールディング」（足場づくり）という方法の効果が高いとされています。これは学習者がひとりではできないことを他者がサポートしながら達成させるうちに、ひとりでも高いレベルのことをできるようにさせていくという方法です。

ケンブリッジ大学の認知発達心理学者のデイビッド・ホワイトブレッド博士によると、この習得過程は独学にもあてはまるといいます。つまり、最初は少し低めのハードルをクリアすることをくりかえし、自分で自分の「足場」をかためていくうちに、高いハードルもクリアできるようになっていくのです。

足場をつくって「できること」を底上げする

もし毎日1時間の勉強が続かないのであれば、「一日30分」を習慣化することから始めてください。

あるいは、「思考系」の努力が続かないのであれば「作業系」の努力から始めるなど、**「自分が続けられること」に切り替えてみてください。**自分自身の得意、不得意を振り返って、心理的なハードルが低いものからやってみるのです。

たとえば、英会話をできるようになりたいという目標があるのに、どうしても勉強が続かないとします。

そうであれば、「英会話の勉強」をさらに細かく分けて「リスニング」「リーディング」

「文法」「語彙《ごい》」「英作文」などの要素から、**自分にとって心理的ハードルが低いものは何か**と考えます。

仮に「リスニング」が比較的ハードルが低いとしたら、リスニングの勉強を習慣化する。それでも続かなければ、同じ英語の音声でも「ニュース」や「ドラマ」「映画」などのなかから、自分が聞くことに抵抗の小さい分野を選んでみましょう。

勉強だからといって、いきなり「ビジネス英会話」のリスニングに挑まなくてもいいのです。最初は目標に関係のあることのなかでも、とにかく「続くこと」から始めてください。

「小さな努力」の無意識化から広げていく

習慣は意識してするものではなく「身体的」なものです。

脳科学の研究によると、**人間の行動の95%は無意識によるもので、意識的に行うのは5%ほどといわれています。**

大きな野心があるからといって、いきなり強固な意志を要する努力を始めても、身体がついていきてくれません。

「ラクなこと」を続けて習慣をつくる

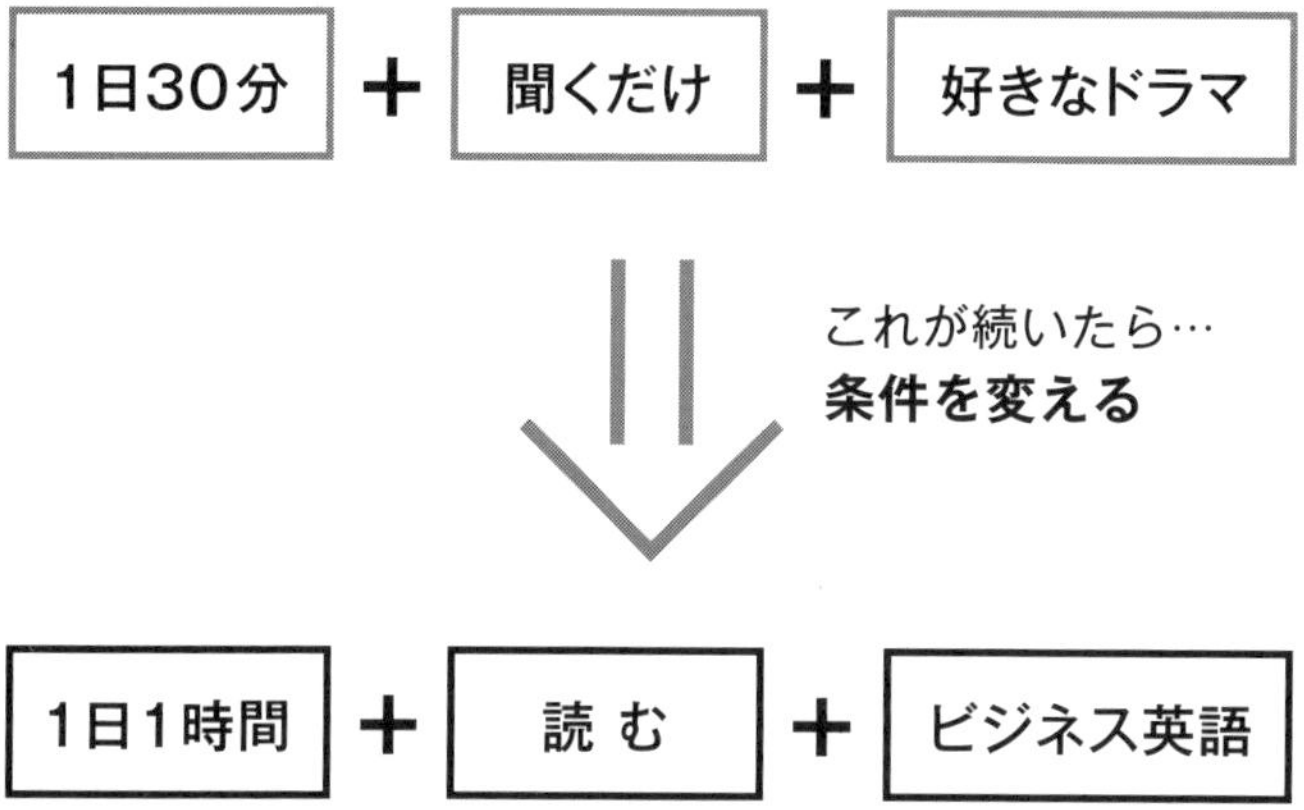

少しずつ条件を上げていく

しかし小さなことであれば、最初に少しがんばって続けてやれば、あとは身体的なリズムになって定着していきます。

習慣化するには**スケジュールに落とし込み、意識してやり続けるうちに、だんだん無意識化していく。**

これをくりかえすことによって、たいていのことは毎回「やろう」と努力しなくても習慣化されてできるようになっていきます。

「小さな努力」を無意識にできるレベルにまで習慣化できたなら、そこからもう少し自制心を要することに手を伸ばしてください。

朝30分早く起きて英語を聞くのが当たり前になったら、そこが「足場」となって、そこからさらに15分早く起きることのハードルは下がります。もしくは、毎日英語を聞く行為が自然になってきたら、読むことのハードルだって下がっていきます。

そうして、「習慣化」を意識しながら少しずつハードルを上げていくことで、努力が自然に続いていくのです。

Point

簡単なことのくりかえしで、自分が自動的に動いてしまうようになる

3 暗記しようとせずに暗記する

何かを勉強しようというとき、**暗記はかなりしんどい努力を要すると「誤解」されています。**

勉強でも仕事でも、とにかく何かを覚えないと始まらないという場面はたくさんあります。英単語はまさにその代表格ですが、仕事でも、プレゼンのためにさまざまな数字やファクトを頭に入れなくてはいけない場面などがあるでしょう。

私も経験がありますが、暗記という作業は単調なので、むきになって暗記をしようとすればするほど、何度やっても暗記できない自分に腹が立ったりしてストレスになりがちです。

ケンブリッジに行きたいと思い立ったとき、まずは身近な参考書に取り組んでみたのですが、英語圏の大学院を目指すレベルの参考書の単語がまったくわかりませんでした。

そんな程度の単語が暗記できなければ話にもならないのに、それがなかなかできない。「しなければいけないのにできない」ということがストレスになり、苦手意識も手伝ってさらに暗記ができない、したくない、という悪循環に陥《おちい》ってしまいました。

「接触頻度」の高いものだけが脳に定着する

そこで初めて「暗記できている」というのはどういうことなんだろうと考えました。

頭の中にいつでも取り出し可能な状態で情報が入っているようにするにはどうすればいいかを探っていったのです。

脳科学の研究から明らかになっていることですが、**脳が暗記するのは、それが重要か重要でないかとは関係なく、単純に「接触頻度」が高いもの**だといいます。

脳は「これは重要だから覚えよう」「これは不要だから忘れよう」というような記憶の仕方をしないのです。

それよりも、くりかえし接した情報が自然に定着していきます。

みなさんも、とくに覚えようと意識していないのに暗記できていることもあれば、反対に、大事なことだけれど暗記できていないことがあるのではないでしょうか。

たとえば、昔、ガラケーを使っていたとき、いちいち登録するのが面倒で、電話帳のデータベース機能を使っていなかったのですが、そのときに、自分の携帯の電話番号は覚えていないのに、いつもよく電話をかける相手の11桁の番号は自然に覚えていました。

自分の電話番号ほど大事な情報もないものですが、それなのに記憶に差が出るのは、単純に接触頻度が高いかどうかの違いでしかありません。

一駅ごとに暗記とテストをくりかえす

暗記の作業を始めても、短期的には何度も忘れてしまうものですが、それは脳の仕組みとして当たり前のこと。これはがんばってもがんばらなくても同じです。しかし、とにかく接触回数を増やして、**たんたんとインプットをくりかえしてやれば、脳はそのうちに記憶してしまいます**。

接触頻度を上げるための工夫はいろいろとできます。

私は「暗記はただくりかえせばいいんだ」と気づいてから、単語を覚えるにあたって、通学時間を使った工夫をしていました。単語帳を見ながら電車の一駅ごとに、暗記と理解度のチェックをくりかえすのです。

通学時間は急行電車なら30分、普通電車なら40分ほどかかっていたのですが、あえて普通電車に乗るために早く家を出ます。なぜかというと、座れる確率が高いのと、普通電車なら各駅に停まるので、一駅ごとにストップウォッチ代わりになるからです。

苦手な単語を20枚カードに書いて、次の駅までに何回転かさせて覚え、またその次の駅までの間にどれだけ暗唱できるかにチャレンジする。

毎日、同じ電車でやるので「昨日はこの駅とこの駅の間でこれだけしか覚えていなかった」というように自分の成長度がわかりやすく、やる気につながりました。ゲーム感覚でできるというのも、脳にとって心地よいので、やればやった分だけはかどります。

テレビを見るときに**そばに単語帳を置いておき、CMの時間になったらサッと目を通してもいい**ですし、トイレやお風呂に行ったときにぱらぱらと単語帳を見れるようにしておいてもいいでしょう。

料理をする人であれば、パスタをゆでる時間などもちょうどいいと思います。頭を使わずに、短い時間で何度もくりかえす。私はこの方法で、3か月で5000語、語彙《ごい》を増やすことができました。

「リラックス状態」での暗記がいちばん強く残る

また、**暗記するには、むしろ暗記しようとしないことがポイント**だということがつかめてきました。言葉としては矛盾しているのですが、「覚えなきゃ」「暗記しなければ」と意識しすぎずに、脳を緊張から解放してあげてオープンにするのです。

そして、できるだけリラックスした状態で目の前の暗記作業に集中します。

精神的なリラックス感と身体のリラックス感の両方がある状態が望ましいので、**寝る前の静かな時間などは暗記にとってはベスト**です。脳が抵抗感なく取り組めますし、睡眠中に脳内の情報が整理されるので、記憶が定着しやすくなります。

暗記をするとなると身構えてしまって、そんなにゆるい気持ちでやっても頭に入らないんじゃないかと思う人もいるかもしれませんが、実際には暗記は完璧を目指さずにラクにくりかえしたほうが定着率が高いのです。

Point
脳を「オープン」にしてくりかえせば、いくらでも覚えられる

4 数字で「測定」できる努力をする

目標達成に向けて効率的に努力をするには方向性が大事だということは心構えのところでもお話ししましたが、では**具体的にどうすれば努力の方向性を正しくセットできるのか**。

仕事をしている人なら、ビジネス用語でよく使われる「PDCA」という考え方をご存じかと思います。Plan（目標設定と計画）、Do（実行）、Check（測定と評価）、Act（改善）、この4つの行動（PDCAサイクル）をくりかえし回すことによって、効率よく成果に至ることができるといわれています。

これは組織としての仕事だけでなく、個人の努力にとっても同じです。

まずは「Plan」、つまり行動する前に、「いつまでに、何を、どれだけ、どうやってやるか」を明確にします。

それから「Do」、実行です。

いつ自分を「テスト」するかを決める

たいていの人はここまでしかやりません。しかし、大事なのが次の「Check」。これは面倒に感じられるかもしれませんが、努力の方向性を正確にするために極めて重要なステップです。

「このやり方で進めていって、本当に期限までに達成できるか」を途中で確認できるようにしておくのです。

何らかの目標を目指しているのであれば、**自分はどこまでできているのか、途中でフィードバックを受けることが必要**です。

独学をしているのであれば、定期的に「テストをする」というプロセスを入れてください。受験勉強でいうところの模試にあたります。

その際、どの時期に何点取れていたらオーケーなのかという「基準」を具体的に決めておくことが重要です。

わかりやすい例でいうと、ダイエットで「1か月で4キロ落とす」という目標を持っているのであれば、1週間ごとに1キロ落ちているかどうか確認するステップを入れておくことで努力の方向性が間違っていないかチェックするといった感じです。

資格試験の勉強など、途中段階でのフィードバックが得にくい努力をしている場合も、「いつまでにこの問題集の小テストで何問解けるようになっている」という目標を決めておき、定期的に進捗状況をチェックするなど、何らかのチェックのステップを入れてください。

プランで「ラク」をし、チェックで「効率」を上げる

ビジネスの世界では「測定できないものは管理できない」「測定できない努力はするな」という言葉があります。

精密な効果測定をすれば、うまくいくやり方をさらに応用したり、ダメなやり方を改善することもできます。ですから、できるだけこのチェックのプロセスには数字など具体的にわかる基準を取り入れてください。

そのチェックを経て、いまのやり方で目指す時期までに目標を達成することができるのかを現実的に考え、難しそうであれば「改善」をして、次のサイクルに入っていきます。

途中に「チェックポイント」を入れる

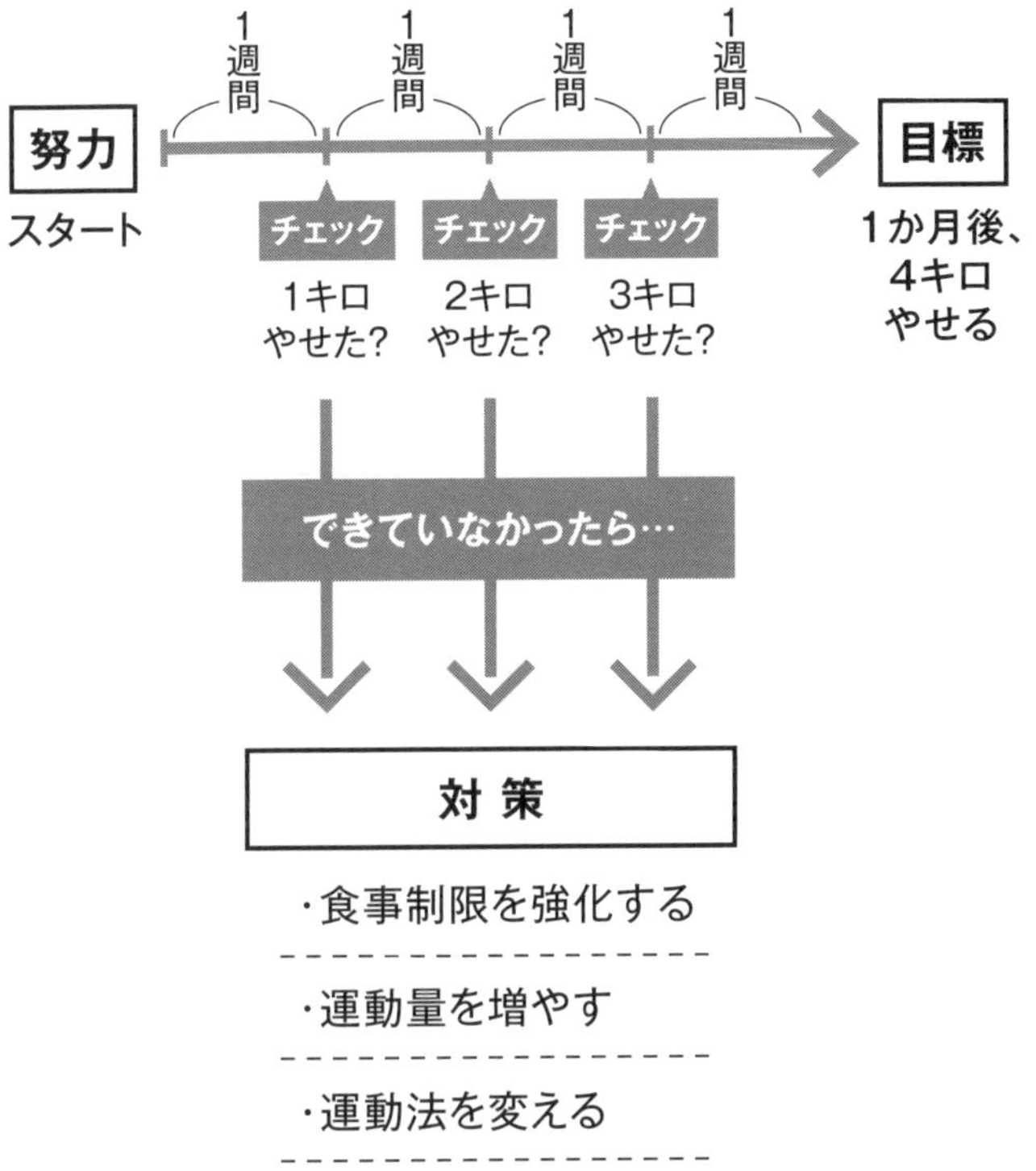

チェックするから「改善」ができる

こうして「ＰＤＣＡサイクル」を回しながら進んでいくことで、努力の方向性を間違えずに成果に向かうことができるのです。

「努力」そのものも大事ですが、ゴールをきちんと設定して、そこに向かうためには「いつまでに、何を、どれだけ、どうやってやるか」を決めることはもっと大事です。

海外に留学したいというゴールを定めたのなら、そこに向かうにはどんな試験を受けないといけないのかを調べ、**自分の「持ち時間」とその試験で受かるために必要なこと**を遺《い》漏《ろう》なく洗い出し、いつどんな基準でチェックを挟むかを決め、最終的に希望の留学地で学んでいる姿までイメージできるようにします。

努力の「準備」として「プラン」をつめればつめるほど、たんたんとそれを実行していけばいいだけになるので努力がラクになります。

そしてタイミングよく「チェック」を挟むことによって、努力の効率が上がり、目標達成まで一直線に進んでいくことができるのです。

Point

努力は「ＰＤＣＡ」でますます効果が上がる

5 スケジュール帳に「自分との約束」を後押しさせる

勉強をするために学校や予備校などに通っていると、あらかじめ決められているスケジュールがありますし、プラン通りに学習を進めやすいものです。

ですが、会社勤めをしながら独学で勉強をしている人などは、時間の都合に自由度が少なくて、プラン通りに努力を進めるのが難しいことがよくあります。そういう人は、自分の**「努力の時間」も仕事のアポイントメントと同じように大事な予定としてスケジューリングしてしまってください。**

よく「時間ができたらやろう」「落ち着いたらやろう」と言う人がいますが、それは禁句。みなさんも経験があると思いますが、この考え方では絶対にやりたいことはできません。「時間」はつくらないかぎりできませんし、引退でもしないかぎり仕事が「落ち着く」

こともありません。

「細かく砕いた行動」を予定に入れてしまう

だれでも仕事の予定や他人との約束はスケジュール帳に書き込むのに、自分の目標達成のために必要な時間をスケジュール帳に書き込む人はあまりいません。

しかし、他人との約束同様、いや、それ以上に目標達成のための努力の時間は自分にとって大切なはず。そうであれば、スケジュール帳に書き込むという**目に見えるかたちで自分に約束してしまえばいい**のです。他人との約束を入れるのは、それ以外の空いている時間です。

スケジューリングしてしまえば、予定を破りたくない心理が働いて、努力に取り組みやすくなります。また、スケジューリングした瞬間から、「時間がない」という言い訳は使えなくなります。

自分の時間に他人の予定が侵食してくるのを防ぐこともできます。

自分では毎日21時から23時は「努力の時間」などと決めていても、スケジューリングしていなければ、残業や人からの誘いなどで、すぐに自分の時間は取れなくなってしまいます。しかし、努力の時間も「予定」と認識することでまわりに流されにくくなります。人に誘われても手帳をのぞいて「ちょっと予定があって」と言えるでしょう。

その予定の中身も、漠然と「勉強をする」という予定ではなく、「この参考書の120ページから128ページまでと、30分CNNで英語リスニングをする時間」といったかたちで、できるだけ**細かく砕いた行動をスケジューリングしておけば、さらに自分への強制力が強まります。**

また、このスケジュールには遅れないようにすることが大切です。

自分との約束だからといってルーズに考えて遅刻などしていたら、しだいに自分が「自分との約束」は破ってもいい軽い約束だと認識するようになっていき、予定としての強制力が働かなくなってしまいます。

ですから、自分との約束に対しても、いちばん大切な相手とのアポイントメントと同じように、遅れないように少し余裕をもって、時間に間に合うように行動してください。

Point

「時間ができたらやろう」は一生やらないパターン

6 見える化で「続ける快感」のとりこになる

「努力の予定」をスケジュール帳に落とし込む際、何をやるのかを具体的にすることがさらに後押しになるという話をしました。

具体的な予定が目に見えるようにすることで、いちいち「さて、何をしようかな」と考えなくてすみ、**だらだらとスタート時間を遅らせてしまうのを防ぐ**ことができます。

また、努力のスケジュールはできれば目標達成の日まで、すべて決めてしまうことをお勧めします。そうして目標達成までの全体像を把握できると、一日一日の作業の意味が明確になるので、毎日の努力に手応え感が生まれてきます。

ここまでしっかりとスケジュール化していると、一日サボるとプランが乱れて、わざわざ立てたスケジュールがムダになってしまうという心理が生まれます。これを避けたいという気持ちもサボりの抑止力《よくしりょく》になります。

とはいえ、長期間かけての目標達成を目指しているなどで、そこまで長い計画は立てられないという人もいるかもしれません。そういう人でも、「とりあえずは3か月でここまで達成できるようにしよう」などと、何らかの到達点を自分で設定して、ある程度の期間のスケジュールをつくってみてください。

学生たちの学習相談に乗っていると、伸び悩んでいる人のなかには「自分のやりたいこと」だけをやってしまっている人がいます。全体像を描かずに、場当たり的に努力をしていると、**どうしても「やりやすいこと」が優先されて、苦手なことや不慣れなことに取り組まない**ということが起きてしまいます。

「習慣化」のサイクルをつくっていこうというときはこれでもいいのですが、そのまま好きなことばかり続けていると、効率が悪く、結果として目標を達成するまえに挫折してしまう原因になります。

目に入る「カレンダー」を塗りつぶしていく

手帳に書くのに抵抗があるのであれば、カレンダーで管理する方法も効果的です。

毎日やるべきことを、すべてカレンダーに書きだしてしまうのです。

そして一日が終わるごとに、マーカーペンなどでその日を塗りつぶしていきます。やらなかった日は塗りつぶしません。自分のがんばりを「見える化」するわけです。

これを自分の部屋などの目に見えるところに貼っておけば、**部屋に入るたびに目標への意識づけがされるので、目標達成の強力な牽引力《けんいんりょく》になります。**

面倒でなければ、スケジュール帳には努力の時間の枠だけ書き込んでおいて、「やるべきこと」の内容はカレンダーに書くというかたちでカレンダーとスケジュール帳を併用するのもよいでしょう。

毎日がんばらなければ色が飛び飛びになりますが、毎日続けていると、カレンダーがきれいに塗りつぶされていきます。

塗りつぶした領域が増えていくと、「ここまでやったんだな」ということが視覚的にわかるので、自分への満足感が得られます。同時に、色が歯抜けになるのが気持ち悪いので、つい毎日の努力が続いてしまうというわけです。

Point
塗りつぶせる快感がクセになって、つい続けたくなる

7 やる気がしなければ、「この手」で自分を動かす

「なんだか思ったように進まない」

「あんなにやる気だったのに、気持ちがのってこない」

努力を続けていると、そんなふうに停滞してしまう時期があります。これにはまると、せっかく綿密に組んだスケジュールもあっさり崩れてしまいます。

こういうときがいちばん危ない。

ここで「やっぱり自分はダメなんだ」「自分は努力できない人なんだ」などと落ち込んでしまうと、前に進む足が完全に止まります。

この「なんとなくやる気が出ない」というのは、だれでも、どんな目標を目指していても必ず起こる現象です。

仕方ないことだと割りきって、「やっぱり来たな」と軽くいなすような気持ちで接してください。

むしろスケジュールは必ず狂うという前提で、「では、そのときどうするか」を前もって決めておくことが大切です。

人を「意識」するだけで動きたくなってしまう

では、こんなときはどうすればいいのか。

やる気が出ない時期を抜けるまで、「一歩ずつでいい」と割り切って進むことです。

完全に止まってしまうのが最悪の事態なので、一歩が難しければ「半歩でもいい」と考えて足を前に進めること。

身体が「動いてくれる」ところまでハードルを下げるのです。

こんなときにテンションを上げるため、私は「心のライバル」をつくるようにしています。こちらで勝手に思っているだけのことですが、身近な人で「負けたくない」と思える人を仮想ライバルにしてしまうのです。

偏差値30から大学受験を目指していたときも、低レベルな英語力からケンブリッジを目指していたときも、まわりでがんばっている友人、知人を勝手にライバルにしていました。こうして本を書いているいまも「この人よりもっといい本を書きたい」というライバルをつくっています。

ライバルが身のまわりにいなければ、同じような目標を持ってがんばっている人をインターネットで見つけてもいいでしょう。

SNSなどで、たとえば同じ資格取得を目指している人を探してフォローして、その人ががんばっている様子をウォッチするのです。

この際、自分よりも**「ちょっとレベルが上」と感じる人をライバルにする**のがポイント。自分が停滞しているとき、その人のタイムラインやブログを見ると「放っといても自分よりできる人ががんばっているんだから、自分もやらないとまずい」と気持ちを奮《ふる》い立たせることができます。

さきに説明した「代理強化」も働きますし、あるいは似た概念で「目標感染」といいますが、がんばっている人のことを見たり意識したりするだけで、自分の自制心がぐっと高まるという効果もあります。

ケンブリッジで学んでいたとき、私は毎日ただでさえ苦手な英語でハイレベルな授業を受けていて、ややもすると心が折れそうでした。

しかしクラスの8割は英語ネイティブで、明らかに私よりできそうな学生たちがそろっています。やる気が落ちるたびに、そんな彼らを意識して、「ここで非ネイティブの自分が怠《なま》けていたら、はるか後ろに置いていかれてしまう」と自分で自分のお尻に火をつけていました。

スランプに陥るたびに、そうやって一歩一歩なんとか足を進めていくうちに、いつのまにか卒業まで辿りつくことができたのです。

気乗りしないまま「5分」やってみる

それでもどうにも自分を動かせないというときは、原始的な手ですが、「報酬」で自分をつってみてください。

まずは**「ここまで達成できたら、この報酬をもらう」**ということを決めてください。スモールステップであれば、より動きやすいでしょう。

「参考書を10ページこなしたら、好きな曲を一曲聴く」とか、「15ページ英文を読んだら、スイーツを食べる」とか、「スクワットを20回したら、マンガを一話読む」とか。

単純な方法ですが、区切りが明確になるだけでも自分を動かす高い効果があります。

この際、「1時間がんばったら」といった、時間で切った抽象的な目標よりも、参考書のページ数など具体的な目標を設定したほうがよりモチベーションにつながります。

そうやって一度自分を動かしてしまえればしめたもの。

意志の強い人でも弱い人でも、着手して最初の5〜10分をやるのがいちばんエネルギーを要するといいます。

一度自分の重い身体を動かしてしまうと、いつのまにか集中してしまっている自分に気づくはずです。

Point

モチベーションが上がらないままでも、とにかく手をつけてみる

8 自分が動いてしまう「トリガー」をつくる

自分で自分によいイメージを持てるようにするために「儀式」の力は効果的です。

スポーツ心理学では、選手がプレイに臨む際に**自分だけの習慣をルーティンとして行うことは、心身を安定させて集中力や自信を高める働きがある**とされています。

メジャーリーガーのイチロー選手なども、打席に入るとき毎回決まった動作をしてからバットを構えますよね。これが彼にとって自分の潜在能力を引き出す「トリガー」(引き金)になっているのです。テニスでもトッププレイヤーになるほど、試合中に同じ動作をくりかえすことが知られています。

スポーツ選手でなくとも、勉強や仕事に取りかかる前に、たとえばお気に入りの曲を聴いてからやるとか、好きな飲み物を用意してから始めるというような「儀式」を取り入れることで、自分にスイッチを入れることができます。

五感への「サイン」で集中力を覚醒させる

私の場合、「集中したいな」というときに必ずやるのが紅茶を入れること。

紅茶なら何でもいいというのではなく、私にとってはケンブリッジにいたときにいつも飲んでいた「フォートナム&メイソン」というロンドンの老舗《しにせ》百貨店の紅茶がトリガーになっています。

この紅茶の豊かな香りに包まれると留学当時のことを思い出し「あのときもできたのだから、今回もできるだろう」という気持ちになれるのです。

私はやる気が下がったときにすぐ切り替えができるように、この紅茶をつねにストックするようにしています。

自分がいいイメージや思い出を持っているものを儀式に取り入れることで、リラックスしつつ集中力が自然に高められるというのがポイント。他にも私はいいイメージを持つために、大きな講演や大切な交渉ごとがあるときには、高校生のときに祖母にもらった鉛筆を持っていくようにしています。

大学受験の際、この鉛筆で合格できたので、この鉛筆をじっと見つめると「うまくいく感触」がよみがえるのです。

「認識を切り替える言葉」で自分を洗脳する

心のスイッチを切り替えるには、自分への言葉がけを使うのもいい方法です。「セルフトーク」と呼ばれるものですが、これも**アスリートがモチベーションを上げるためによく使う方法**です。

壁にぶつかったときやなかなか気持ちがのらないとき、「なぜ自分はできないのだろう」と考えてしまいがちです。そうすると、ますますネガティブな気持ちになってしまいます。

こういうとき、自分への質問を「なぜ」ではなく、「ここを乗り越えたら、どうなるだろうか」などと意識的にポジティブな質問に変えると、視界をパッと切り替えることができます。

さらに、「気楽にいこう」「テンションが上がらないくらいよくあること」「これくらいできるでしょう」と明るい言葉ばかり自分にかけていきます。

心の中で考えるだけでなく、ノートに書きだしてみるのもいいでしょう。

「ここを乗り越えたら、どうなるだろうか」→「もっと自信を持てるようになる」「明日のモチベーションにつながる」など、答えまで書き出していきます。

「一週間続けたらどうなるだろうか」「これを一冊やりきったらどうなるだろうか」と、次々と手を動かして文字にしていくことで、認識を前向きに切り替えていくことができるのです。

Point

決まった「行動」をルーティン化することで自分にスイッチを入れる

9 復習ほど「ラクで効率のいい」学習法はない

勉強でも仕事のための作業でも、「一度で全部やってしまったほうが効率がいい」と思っている人は多いのではないでしょうか。

しかし、本当にそうでしょうか？

一度で完璧にやろうとした場合、どこかでつまずいてしまうと、そこからやる気が低下してしまい、結果的にゴールまで辿りつけない原因になってしまいます。

また、「完璧にやろう」というプレッシャーがあると、**ただでさえエネルギーのかかる努力が、ますます重たいものになってしまいます。**

努力をラクに続けていくには、歯を食いしばって完璧を目指すよりも、回数をこなしていくうちに「結果的にマスターしてしまう」ことが必要です。

それがいちばん簡単にできるのが「復習」という方法です。

そもそも、どんなことでも1回で身につけられることは知れています。やっているときは「覚えておける」と思っていることでも、少しすると忘れてしまうものです。

多少の個人差はあるものの、1回で時間をかけて覚えようとするよりも、複数回にわたってさらさらと覚えたほうが記憶が定着するということはだれでも同じです。

記憶が定着しなければ、またゼロから覚えなおさなければならないので、「復習しない学習」は「復習を重ねる学習」にくらべて、**同じことを身につけるための「努力の総時間」がはるかに長いものになってしまいます。**

「復習はつまらないから嫌い」「早く新しいことに進みたい」という人もいるかと思います。しかし、あなたが「できるだけつらい努力はしたくない」と思っているのであれば、むしろ復習に時間を使うことをお勧めします。

1回目は「とりあえず」の感覚でやる

復習の効用は、記憶が定着しやすいということに加えて、もうひとつあります。

「身についていない知識を特定できる」ということです。

この気づきがあるため、ただでさえ記憶が定着しやすいうえ、ピンポイントで弱いところを学習できます。

また、「このできていないところを埋めていきたい」という気持ちが動機づけとして自分を動かす原動力になります。

努力の「プラン」には、必ずこの「復習」のステップも何度かに分けて入れておきましょう。参考書であれば、どんなものでも最低3回は通しでやることにしてください。

1回ですべて覚えるのではなく、3回目で全体を頭に入れるというスタンスでやります。

難易度にもよりますが、**1回目はざっくりと、2回目で6割ぐらい、3回目で8割わかるようになる、**というイメージがちょうどいいと思います。

理解度や点数の目標は「3回目でどれだけわかるか」（何点取れるか）に置いて、1回目、2回目ではそれほど点数にこだわる必要はありません。

最初は多少わからなくてもさらさらと進めて、最終的に身につくようにすればいいのです。

難解な本も「さらさら読む」ことで理解できる

難解な本を読むときなども同じです。1ページずつ必死にわかろうとして時間をかけて取り組んでいると、理解が進まないうえ、退屈で、苦手意識が湧いてしまいます。

それよりも、**一度ざっくりと読んで全体像をつかんだうえで2回目、3回目と読み直していくほうが内容が頭に入ります。**

何でも新しいことをやるほうが楽しいしラクに思えるものですが、新しいことにばかり飛びついていると、結果として時間がかかって「不要な努力」を背負い込んでしまうことになります。

「どんどん進んでいる」という偽《いつわ》りの充実感に騙《だま》されないようにしてください。

Point
「とりあえず、流すようにやる」のスタンスで取り組む

Chapter3 Summary

・人と約束することで自分を「やらざるを得ない立場」に置く
・「小さな努力」を続けながら、少しずつ習慣化する領域を広げていく
・頭をできるだけ使わずに、ゲーム感覚でくりかえす方法で「暗記」する
・数値的な基準でチェックをするステップをスケジュールに組み込む
・「努力の予定」を人との予定同様、スケジューリングしてしまう
・のらなくてもとにかく5分取り組めば、テンションが変わってくる
・「1回目」は根を詰めない。「復習」ありきで流すようにやる

Chapter 4

こうして短期間でケンブリッジに合格した

――時間がなくても成果を出せる「超」効率的努力法

どんな目標でもフォーカスして努力すれば、
そんなに大変なことはありません。英語が
苦手だった私が短期間で英語力を上げて
ケンブリッジに受かった方法を紹介します。

1 「捨てる」と動くのがラクになる

同志社大学への進学を考えてからは「10か月」、イギリス留学を決めてからは「1年半」、ケンブリッジ大学に絞ってからは「半年」。

何の期間かというと、私が目標を決めてからその達成のために使った期間です。

昔から、何度も勉強にトライしてはうまくいかない経験をくりかえしてきたのに、結果として**短期間で大きな目標を達成できたのは、目標にフォーカスして、やることを「極限まで絞りこんだ」から**です。

大学受験を目指したとき、私はすべての科目が苦手でした。

だからといって、入試という「締め切り」を考えると、全科目のレベルを上げようとすることは現実的ではありません。なにせ高3の春の時点で「偏差値30」なのです。

そこでまず、志望校は文系の3教科（国語、社会、英語）で受けられるところに絞って、理系科目は完全に捨てました。

高校生として理系の勉強もある程度身につけられれば理想的ですが、**「目標」と「持ち時間」を考えると贅沢《ぜいたく》はいえません。きっぱりと「捨てるもの」を決めざるを得ない。**

文系科目だってどこから手をつけていいかわからないという状態だったのですが、まずは現代文に力を注ぎました。

そのころは少しはマンガ以外の本も読むようになっていたので、ここを取っかかりにしてみようという感じでした。

そして予備校に通いはじめたのですが、そこで出口汪先生の授業を受けました。「現代文のカリスマ」と呼ばれる先生ですが、当時はそんなことは知る由《よし》もありません。

ですがこの授業のおかげで、勉強に対する考え方が変わりました。そのころは勉強といえば、友人に教えてもらった丸暗記のイメージくらいしかなかったのですが、先生の授業によって**「勉強とは物事を論理的に読み解く力をつけること」**だという学びを得ました。

一見難解な文章も、粘り強く論理的に構造をひもといていくと、必ず著者の意図に辿りつくことができる。それを見抜くのが現代文という科目の要諦《ようてい》だというのです。

また、現代文にかぎらず、それが何かの「試験」であるかぎり、どの問題にもその背景には出題者の意図がある。それだって、論理的に考え抜くと見えてくるということがわかってきました。つまり、現代文を学ぶこと自体が、あらゆる試験を解くための訓練になったのです。

選択肢を絞ることで、目標に一気に近づく

少しずつ現代文の勉強を進めていくなかで、「わかる」ということが面白く感じられるようになってきました。

「背景には必ずだれかの意図がある」という視点から英語や社会にも取り組んでみると、それまで無機質に見えていた試験問題にも温かみが感じられて、試験を通して試験作成者とコミュニケーションを取っているようにさえ思えてきました。

こうして**「わかる」という感覚が徐々に広がって勉強が面白くなっていき、努力が続くようになっていった**のです。

私は10か月で偏差値を倍以上に上げるというチャレンジをしていたわけですが、そんなことは頭で考えると、とてもできるような気がしません。私にかぎらず大きな目標を持っている人は、「本当にできるかな」と思ってしまうことがあると思います。そんな不安が

努力の足を止めてしまうものです。ですから、そんな不安は相手にしないで、ひとつずつ小さくてもいいので、「わかる」「できる」という実感を積み上げていくこと。

私の場合は現代文が取っかかりになりましたが、努力をしていると、**ひとつできるようになることで、他のことが面白くなっていく**ということが必ずあります。私がそういう感覚に辿りつけたのは、「捨てる」ものを決めて、「これならできそう」という対象から入ったことがよかったのだと思います。

心理学的にいえることですが、**人は選択肢が多くなるにつれてストレスを感じます**。苦手なものに取り組むのであれば、できるだけストレスを抱えない方法でアプローチしないと継続することはできません。

ですから努力がなかなか続かないという人は、まずは「捨てる」ものを決めて、「突破口」にできそうなものにエネルギーを注ぎ込んでください。

努力はがんばって続けようという「意志の力」ではなく、これならできそうという実感的な「自信」によって可能になるのですから。

Point

目標にいらないものは、迷うことなく「切る」

2 効果的なラインを狙って「ムダな努力」をなくす

短期間で目標を目指すなかでくりかえし自分に言い聞かせていたのは、「何でもいいから努力すればいいわけではない」ということです。

私は**いちばん効果的なラインを狙わないかぎり、期限までに目標に辿りつくことができそうにありません**でした。

現代文を通して試験問題の意図を考えるようになったという話をしましたが、それも同じ発想です。

目標達成のためには、国語や英語、社会の理解が全般的に深まることが必要なのではなく、同志社大学の入試問題で合格ラインの点数を取ることが必要なわけです。

それなら幅広く勉強するのではなく、同志社の出題傾向を調べ、出題者の意図を考え、そこに絞った勉強を集中的にしなくてはいけません。

いくら「熱意」があってもダメ

ケンブリッジの大学院を目指したときも同じでした。

海外の大学院に入るにはGPA（Grade Point Average）と呼ばれる学業成績のスコアや英語力も重要ですが、「自己推薦書」がひとつのポイントになってきます。

A4で2枚程度の紙面のなかで自分をアピールするわけですが、ここで最も大事なのは**「自分が書きたいことを書くのではなく、相手が受け入れたくなることを書く」**という点です。書けることはいくらでもありますが、なんでもかんでもアピールすればいいわけではありません。

しかしいまスクールで自己推薦書を書く受験生を見ていると、相手の意図を考えることなくひたすら自分をアピールしているケースが多くあります。

「将来こんなことがしたい」「自分にはこんな夢がある」「なぜ自分はその大学で学びたいのか」といったことが熱意を持って書かれているのですが、「相手が求めているものは何か」という思考が抜けているのです。

なぜその大学は世界中から学生を募《つの》るのか。そこには当然、意図があります。

大学側は、世界に山積するさまざまな問題を解決できるような優秀な人材を輩出して、大学の存在価値を高めたい。それはどの大学も共通していますが、さらにそれぞれの校風を調べていくと、どういう分野で、どんなアプローチで世の中に貢献する人材を欲しているのかも見えてきます。

短い紙面のなかで、そうした先方の意図をすくいとった内容にしつつ、自分の夢や実力を十分に示す必要があるのです。

最終目標が見えれば「やること」がシンプルになる

どんな課題でも、つきつめて考えると究極的には「人」対「人」の問題になると私は考えています。

勉強で目標がある人も仕事での目標がある人も、「だれにどういったかたちで認められればいいのか」を意識することで、努力の成功率を高めることができます。

もっとも、「相手の意図を考えて努力しなさい」と言われても、どうすればいいかわかりにくいでしょうか。

それでは、「最初から最終目標を意識して努力する」というふうに考えてみてください。

自分は努力することによって、最終的にどうなりたいのか。

たとえば英会話の勉強をしているのであれば、なぜ英会話をマスターしたいのか。

具体的に**「どんなシチュエーション」で、「何のため」に「だれ」に「どういうレベル」で認められたいのか。**

そういうことを詳細にイメージしていくと、相手の顔が見えてきて、「どこに力を入れるべきか」「何は捨ててもいいのか」ということがわかってきます。そうすれば、あれもやってこれもやってというムダな努力を減らすことができます。

また、「最終的な理想」を頭に思い浮かべるとやりがいが出てくるので、努力の効率だけでなく、モチベーションも集中力も高めることができます。

Point
目標の向こうにある「最終的な理想」に合うことをやる

3 さらさらと「暗記」するだけで前に進める

短期間で勉強などの結果を出したいとき、「暗記」はばかにできない要素です。

暗記は地味で退屈な作業と思われがちですが、さきにも触れたようにスキマ時間でさらさらとやったり、電車での移動時間にゲーム化したりといったことでラクに覚えることができます。

不慣れな分野の勉強を始めるときなど、どうにも取っかかりがつかめずになかなか理解度が上がらないことがあります。

そんなときは、暗記から入ると前に進むきっかけをつかめます。

私は大学受験の勉強を現代文から始めたといいましたが、このとき、そもそも現代文の問題に出てくる「ヒエラルキー」や「イデオロギー」「メタファー」といった言葉の意味すらよくわかりませんでした。日本語でも「韜晦《とうかい》」や「恬淡《てんたん》」やら、私にとっては意味不明な言葉がしばしば出てきます。

そこで私は、まずは問題に出てきてわからなかったキーワードをただひたすら拾って暗記していくことから始めました。現代文を暗記から始める人なんてなかなかいないかもしれませんが、これが意外と効果があったのです。言葉がわかるようになってくると、おぼろげながら文意がつかめるようになってきました。すると読むのが面白くなってきて、問題に前向きに取り組んでいくことができました。

楽しめて、「手応え感」が強いアプローチ

ケンブリッジを目指したときの英語も同じです。私は3か月で語彙《ごい》を5000語増やしました。勉強の王道をいえば、単語は文脈のなかで自然に身につけるのがいいのでしょう。しかし私には時間がありませんでした。**短期間でケンブリッジに入れるレベルにまで英語力を上げるには、そんな悠長なことはしていられません。**

ですから単語カードを使って、ひたすら暗記していきました。すると現代文のときと同様、単語力がつくにしたがって、これまで読めなかったハイレベルな英文が読めるように

なってきたのです。英文解釈の能力はもちろん大事ですが、**単語力は、英語の成績を上げるうえでものすごいアドバンテージになる**のだと実感しました。

そして、やはり語彙が増えて英文の理解の幅が広がると、読むのが面白くなってきますから、ますます勉強に身が入るという効果がありました。まさしく努力がラクに楽しくなっていったわけです。

暗記というと面倒そうなイメージとあいまって、勉強のなかでは「邪道」のように思われがちです。しかし、思考系の勉強と違って、むしろ気楽な作業ですし、前述のように楽しくこなしていくこともできます。**暗記は覚えたことの「数」で努力が明確になるので、やったらやっただけの手応えが得られる**という楽しさもあります。

そのうえ暗記の量が増えるにしたがって、対象の理解に大きく貢献します。英語にかぎっていえば、短期間で成績を上げる最大の「武器」ともいえます。ですから、勉強が伸び悩んでいたり、なかなか前に進まないなと思っている人は、まずは暗記に取り組んでみてください。ポイントは、気負わずにラクに楽しく、くりかえし取り組むことです。

Point
暗記の量が増えるほど、対象の理解が容易になる

4 早く身につけるために「速く読む」

ケンブリッジを目指して英語を勉強しはじめたはいいものの、じつは最初は英語の聞き取りがほとんどできませんでした。単語の知識が増えるにしたがって読解には自信がついてきたのですが、聞くとなると速い英語に頭がこんがらがって、意味がうまく取れなかったのです。

そこで、**短期間で英語を聞き取れるようになるために私は、まず「読む」ことから始めました。**

得意な「読む力」を伸ばすことからアプローチすることにしたのです。

リスニングなのになぜ読むのかと思われるかもしれません。しかし大前提として、読んで意味がわからない文章は聞きとれるはずがありません。

そして、リスニングで意味が取れない原因のひとつは、速い英語を頭で処理しきれないということにあります。

耳が慣れればそれぞれの単語は聞き取れるようになってきますが、長い文章を速いスピードで話されると文意をつかみきれないのです。

読めばわかるのに聞き取れないという人は、この「意味が押し寄せてくる速さ」に慣れていないのだと思います。

短期間で「聞ける」ようになるための読み方

日本人の読解中心の勉強法は、ゆっくりと英文解釈をして文意を取っていく方法なので、時間さえあればかなり正確に意味が取れるという強みがある一方で、「英語の速さに対応できない」という弱点があります。

ですから、まずは**速く読めるようになることが先決**だと考えたわけです。

それもネイティブの会話のナチュラルスピードと同じくらいの速さを意識して読んでいきます。わからない単語がでてきても、線だけ引いておいて、意味はあとで調べればいい。

リスニングの練習をしたあとにそのままのスピードで文章を読んでみるとわかりますが、

これはかなり速いです。このスピードだと、読んでいても最初は意味が取れません。ですが、慣れてくると少しずつ頭に入ってきます。これがリスニング力アップにつながるのです。

読むスピードを上げても意味が取れるようになれば、あとはネイティブの発音に慣れるだけです。それにはとにかくくりかえし英語を聞くこと。それもゆっくりだったり、倍速だったりするものではなく、**ナチュラルスピードの音声で聞いてください**。

発音のわかりやすいゆっくりとした教材も多いですが、「短期間で英語がわかるようになる」という目標の人にはこれは向きません。

ネイティブが普通にしゃべる速さの言葉がわかるようになるのが「最終目標」なのですから、普通にしゃべる速さの音声を聞き込むのがベストです。

ギターと同じやり方が効く

効率よく英語を身につけるためにもっといいのは、**読むテキストと聞くテキストを同じにすること**です。そしてテキストを読む際、音声の真似をしながら音読していくのです。

要領は楽器の練習と同じです。

ギターがうまく弾けるようになりたいと思ったとき、お手本の音色を「耳コピ」して練習しますが、同じように音を自分で「完コピ」してみるのです。

聞いた英語と同じスピード、同じイントネーション、同じリズムで再現しながら音読をくりかえします。

これでリスニング力とリーディング力に加えて、「発音」の力を上げることができます。

読みながら、ここは音がつながるのか、ここは音が消えるのかという発見もありますし、声を出してみることで、読んでいるだけでは感じられなかった「その言葉を発する人の気持ち」がつかめたりもします。

すると感情が入ることで、さらに英文の脳への定着率もアップするというわけです。

Point
勉強は「一石三鳥」でやればラクになる

5

英語が「てっとりばやく」できるようになるには?

ケンブリッジに入るためにイギリスに渡って英語の勉強を続けていたとき、ひとつ気がラクになる発見がありました。

生まれて初めて多くのネイティブに接してわかったのですが、**英語を母国語とする彼らだって、べつに完璧な英語を使っているわけではない**のです。

こちらは日本で文法を完璧にマスターして、できるだけそこからそれないようにしてしゃべろうとします。

しかし、当のネイティブの使っている英語はめちゃくちゃとはいわないまでも、「それって文法的にどうなの?」と思わされることがよくありました。

とはいえ、これはよく考えてみると、べつに日本語でも変わりません。

メールなどで「お体、ご自愛ください」などという言い回しを見ることがありますが、「自愛」という言葉のなかに「自分の体」も含まれているのですから、これはいわゆる「二重表現」で国語のテストなら「×」。「あとで後悔する」なんて言い回しも同じ意味で国語的には間違いです。

しかし、日常的なやりとりのなかでは、そんなことにいちいち目くじらを立てる人はいないものです。

英会話学習の唯一絶対の「正解」

英語も本質は同じ。私は「正確に、正確に」と心がけていたので、イギリスに渡ってからもなかなかネイティブたちとうまく交流できなかったのですが、まわりを見ると、みんな非常にラフにしゃべっていました。

日本以外の国から来た非ネイティブの人たちもたくさんいましたが、彼らときたら、本当に**めちゃくちゃな英語でも、まったく気にせずに話していました。**

一方、私もそうだったわけですが、日本人はどういうわけか「正確にしゃべれないから話さない」という感じになってしまう。しゃべらないから慣れないので、いつまでも英語をものにできません。

私の生徒にも、テストの点数アップを目指しているだけでなく、英会話の上達を目指している人がいますが、そんな人に私は**「英語は使わないかぎりうまくならない」**と伝えています。

自分の経験としてもそうですが、多くの生徒を見ていても、何百時間、何千時間と机上の勉強を重ねたところで、英語をしゃべる経験を積まないかぎり、英語を話せるようにはなりません。

知識は「感情体験」を使えばさくさく頭に入る

「英語を話せるようになるいちばんてっとりばやい方法は？」と聞かれることがあります。私の考えるその答えは、「外国人の友だちをつくること」です。

英語力はインプットとアウトプットで向上します。

日本人は義務教育だけでもかなりのインプットはできています。しかしアウトプットの機会が極端に少ない。だからここを補ってやることが英語を話せるようになるいちばんの近道になるのです。

また、何か知識を身につける際のコツとして「感情体験」を取り入れるという方法があります。

脳の仕組みとして「記憶」と「感情」には大きなつながりがあります。**喜怒哀楽などの感情とともに仕入れた知識は定着しやすい**のです。

机上の勉強よりも、「どう話せばいいのだろう」とどきどきしたり、「伝わった！」と喜んだりしながらネイティブと会話をしたほうが、知識の吸収と定着度は高いといえます。

ですから、日々、勉強しながら仕入れた知識を、定期的に英会話で定着させることができたら、これに勝る英会話勉強法はありません。

勉強するより「場を探す」ことを優先する

私がケンブリッジを目指していたときは、お金がなかったので、京都駅で待ち構えて外国人観光客が通りかかるのをつかまえては、**勝手に道案内を買ってでることで英語を使う機会を増やしていました。**

私はこのアプローチで何人も外国人の友だちができて、いまでも交友が続いている人がいるほどです。

仲よくなれば、自分のことを伝えたり、相手のことを知ったりしたい欲求が高まるので、会える相手なら「会話力」に磨きがかかります。海外の相手でも、メールするための「英作文」に熱がこもりますし、相手のSNSやメールでのメッセージを真剣に読んだりもするようになり、「読解力」がついてきます。

友だちをつくるのは難しくても、いまやスカイプを使えば簡単に海外の人のレッスンを受けられますし、英会話スクールや個人レッスンも探せばすぐに見つかるでしょう。

英語を早く話せるようになりたいのであれば、どんな学習本がいいんだろうと悩むよりも、まずはそうしたアウトプットの機会を見つけることが大きな一歩になるのです。

Point

対面での学習は、緊張したりどきどきするので吸収しやすい

6 「コピペ」で9割しゃべれるようになる

英語を話せるようになりたければ、英語を「読む（知識を仕入れる）」「理解する」「使う」という行為をそれぞれバラバラに行うのではなく、ひとつのサイクルとして意識することが大事だと私は思っています。

使うところまで想定して学習するからこそ、知識のインプットや理解にも真剣味が増します。

そもそも言葉が自分のものになる、つまり**使えるようになるには、このすべてのプロセスが分断されることなくつながっていることが必要**になります。

この流れをよく表しているのが「守破離《しゅはり》」と呼ばれる、日本に古くからある教えです。

これは武道や芸事の修業の極意を、段階を追って示した言葉です。

「守」は師の教えである基本を忠実に守って身につけること。
「破」は基本の教えをもとに自分に合うやり方を見つけること。
「離」はこれまで身につけたことをさらに発展させるために、より高いレベルで自由に自分の力を出せるようになることです。

これを英語学習のプロセスに置き換えてみると、まず最初は、参考となるところから言葉を借りてきて真似します。次に、それまで意識して真似していた表現などを自分のものにできるように、他の文章に当てはめて使っていきます。

それを続けていると、**やがてそうした表現を自分でさまざまにアレンジして自由に使えるようになってきます。**ここまでくると、英語を自分のものにできたといってもいいと思います。

「ありもの」のフレーズをそのまま使う

英語でも日本語でも言葉というものは、自分で新たに生み出すものではありません。すでにあるものを使って、与えられたルールのなかで、自分のセンスを使いながら表現していくものです。

ですから、英語を話したいのであれば、まずは「守」としてさまざまなフレーズや表現を借りてくる必要があります。ネットなどを見て**「使える英語」や「気の利いたフレーズ」を頭のなかにどんどんコピペしていく**のです。

赤ちゃんを見ればわかりますが、言葉を覚える際の最初のアプローチは「真似」です。

とはいえ、なんでも真似すればいいというわけではありません。

お手本として自分の頭に埋め込むわけですから、できるだけ「いい英語」に狙いをつける必要があります。

いい英語をBBCからどんどん「盗む」

いい英語を借りてくるためにお勧めしたいのはBBCやCNNなどの報道系の放送局のサイトです。

この手のサイトの英文なら、表現に世代的なかたよりがなく、まさしく「いま生きている」使える英語で書かれています。バラエティあふれるトピックがあって飽きないですし、世界の時事ネタの勉強にもなります。

私はこうしたサイトを日常的にチェックして「この表現は使えそう」と思ったところを

ノートにストックしていきました。

インプットをしないまま自分の思考や発想だけで英語を話していると、いつしか定型的な自分のパターンだけでしゃべるようになってしまいます。

ですから、こうしたところから表現を拾ってきて、ひとつずつ京都の駅前でつかまえた外国人に使って感触を試していました。

新しい単語や表現は**暗記することで読解の幅は広がりますが、実際に人に対して何度か口にしてみなければ使えるようにはなりません。**会話で人に試してみて、「伝わった！」「変な顔をされたな」などといった自分の感情を通すことで、初めて「自分のもの」にできるのです。

Point

「使えるフレーズ」をかたっぱしからノートにストックする

7 努力の時間と労力を「十分の二」にする

ケンブリッジの大学院に入ってすぐのときは、ディスカッションがつらかったことを覚えています。多くの授業が、生徒間や教師との間でディスカッションをすることが前提になっているのですが、（私以外の）生徒たちはみな本当に活発に意見を言います。

とくに「コア・リサーチ・トレーニング」という、クリティカルシンキングなどを学ぶ授業は大変でした。

毎週100ページほどの難解な論文が与えられて、考察を提出することが求められるのですが、授業では小グループにわかれて、その生徒の考察のひとつを取り上げてディスカッションをするという形式です。

私は早口で議論をし合うネイティブの生徒たちのなかで、英語を話すだけでも十分難しいのに、そのうえ専門的なテーマで議論しなければいけないなんて「絶対にムリ！」と思っていました。

2時間の講義のあいだ、嵐のような英語が飛び交うなか、私はひとり緊張して貝のように黙っていたのですが、日を追うにつれて、クラスのなかで自分が孤立していくように感じていました。意見を言わないのだから「意欲がない」と見られていたのです。話しかけてくれる仲間もだんだん減っていきます。

これならできると思える目標で「一点突破」する

このままではまずいと感じた私は対策を練りました。

自分の英語力からいってその場でぱっと議論することはできない。ならば、**せめて「毎回何かしら意見を言う」ことを目標にしよう**。それなら事前に言うべきことを完璧に準備してから授業に臨めばいい。それくらいなら自分にもできるだろうと考えました。

とはいえ、一週間で100ページもの難解な論文を相手にするなんて、正直、目を通すだけで精一杯です。ですから私は、読み込む場所も「ピンポイント」に絞りました。

そして「ここなら自分の意見がまとめられる」というところについて、自分の意見をつくりこみました。そうしてつくった自分の意見を反芻《はんすう》して、想定される質問をイメージしてその答えまでつくり、それを暗記していきました。

授業では、自分が準備した部分とは関係のない部分が議論の中心になることもありましたが、そんなときも怖《お》じることなく、「私はここが面白く思ったのですが……」などと言って練りに練った意見を開陳《かいちん》しました。

そんなことで「関係ないことを言うな」なんて言う人はいません。積極的に議論に参加し、意見を交わし合うことが求められていたのです。

この方法を導入してからは、クラスでの存在価値をなんとか出せるようになっていきました。**自分で意見を言えるようになると、人の意見のあらも見えてきます。**この程度の意見なら自分のほうが突っ込んだことを言えるだろう、などと自信も出てきました。

最初はよく聞き取れなかったまわりの議論も、決まった専門用語さえ覚えれば、案外難しくないことがわかってきました。

これでは何年スクールに通っても話せない

思い返すと小学生のとき、私は両親に勧められて英会話スクールに通っていました。

中学1年のころ、初めて海外旅行に家族と行くことになりました。行く前は、小学生時代とはいっても何年かスクールに通っていたのですから、少しくらいはしゃべれるだろうと思っていました。ですが、海外に出てみると、外国人の言っていることがさっぱりわかりませんでした。

両親は「ずっと勉強していたんだから、ちょっとくらい話せるでしょう」と言うのですが、スクールで教わっていた子ども向けの英語とはまったく違います。私は本場の早口の英語に萎縮《いしゅく》してしまい、一言も話すことができませんでした。それがきっかけで、勉強なんて意味がないと思ってしまい、勉強嫌いに拍車がかかったのです。

いま思えば、これは**勉強に意味がないのではなく、その勉強の目的が違っていただけ**のことでした。小学生向けの英会話スクールは、これからの英語学習が楽しく得意になっていくために、英語になじませるための勉強を提供していたわけです。同じ「英語の勉強」をしたというだけで、海外で話せると考えるほうが甘かったのです。

これで英語の勉強は「十分の一」ですむ

努力するときは「最終目標」をよく考えること、という話をしましたが、これこそまさにいい例です。

海外で話したいなら、海外で話すことにフォーカスした努力をする必要があります。ケンブリッジでは、ディスカッションで「毎回何かしら意見を言う」ことにフォーカスして努力をしたおかげで、なんとか試練をくぐり抜けることができました。

これこそが短期的に効率よく、高いハードルを越えるためのベストの方法です。

もし「商談で英語を使いたい」という目標を持っているのなら、やはり全般的に英語を覚えようとするのではなく、商談で使いがちな単語だけを集中的に暗記して、スクールなどでネイティブの先生についてもらい、商談を想定したロールプレイング（シチュエーションを想定した役割演技）の形式で会話の練習をくりかえすのが最短距離です。

特定のテーマの会話に使用する単語量なんて意外なほど少ないものです。

この方法なら目標達成にかかる時間と労力は十分の一以下になるはずです。

「努力なんてできない」「英語なんて絶対できるようにならない」と思っている人は、ぜひこのアプローチでトライしてみてください。

Point
目標を絞りこめば「やるべきこと」が激減する

Chapter4 Summary

・目標の高さと持ち時間の短さをにらんで「捨てるもの」を決める
・どんな目標でも、向こうにいる相手の「意図」を考え抜く
・短期間で結果を出したければ「暗記」の時間をたくさんつくる
・「耳コピ」したイントネーションで、同じテキストを音読する
・すぐに話せるようになるには、すぐに「実践の機会」をつくる
・日常的に「使えるフレーズ」をチェックしてストックしていく
・目的に沿った「単語」と「言い回し」にフォーカスして身につける

Chapter 5

独学でも世界のトップレベルまで行ける

——いつまでもめげずに伸びていける簡単な方法

「効率のいい努力」を続けていけば、かなり大きな目標も達成できます。しかしその「続ける」が難しい。独学でもいつまでも続けていける方法を見ていきましょう。

1 「現実的な目標」にできる人の真似をする

独学などひとりで目標を目指して努力している人は、**スクールに通ったりしている人よりもモチベーションの管理が難しい**ということがあります。通学するという「努力の強制」が働かないだけでなく、同じ目標を目指す仲間と会って励まし合うこともできません。

私はどうしてきたかというと、インターネットで勝手に「仲間」を見つけて、それを励みにしてきました。

自分と同じように大きな目標を目指している人のブログなどを見て、自分に活を入れるのです。さきに「仮想ライバルを設定する」という話をしましたが、そんなライバルたちもいわば「同志」のようなものです。

また、すでに目標を達成して「なりたい自分」になれている人のSNSなども定期的にチェックします。これは同志というか、先輩の話を聞くような感覚です。

彼らはどういうレベルからスタートして、どんな努力によって壁を乗り越えていき、いまは日常的にどう働いているのか。

メディアに登場して活躍している有名人だと、自分からは遠い感じがしてリアリティが湧かないかもしれません。

もちろん、そういう人でも参考にできることは何でも取り入れたほうがいいですが、天才と呼ばれるような人がしていることを表面的に真似してもうまくいかず、劣等感を抱いて自信をなくし、むしろ意欲が落ちてしまうかもしれません。

ですから、**まずは現実的に自分でもがんばれば到達できそうなところにいる人を参考にするのがいい**と思います。そして、自分のレベルが上がっていくにつれて、もっとすごい人がやっていることにも挑戦していく、といった感じで考えてみてください。

「どの程度はやらなきゃダメか」を確認する

英語でいえば、帰国子女ではなく、発音は我流で極めて通訳で活躍している、といった人がいます。

そんな人が書いているブログなどを読んでいると、親近感が湧くというか、「自分でもがんばればここまではいけるのでは」という感じがしてきます。**彼らがどこに力を入れてがんばってきたのかという情報はとても参考になります。**「コネがなかった」とか「全部独学でやってきた」といった人たちの話にも食指《しょくし》が動きます。

彼らの話を読んでいると、アメリカに飛び込んではみたものの英語が全然わからなかったから部屋に引きこもって一日中英語のテレビをつけて耳を慣らしていたとか、経験を積んで勉強するために素人なりの通訳を無料で続けていた、など、さまざまな泥臭い話が出てきます。

そんなエピソードを知ることで、「自分と一緒だ」とか「やっぱりこれくらいはやらなきゃダメなんだな」と改めて確認できるような気持ちになれます。

努力をするうえで「仲間の力」というのは、絶大なものがあります。

時間と費用に余裕があるのであれば、仲間をつくるためだけにスクールに通ってもいいと思えるほどです。

しかし、自分はあえて独学で行くと肚《はら》をくくったのであれば、こうして勝手に「同志」や「先輩」をつくってみてください。

「仮想ライバル」のところで説明したように、人には目にした人の行動に影響を受けてつい真似したくなるという性質があります。それが共感している相手だとその衝動はより高まります。

たとえネット上の相手でも、仲間のがんばりを観察しながら、すごいなとか同じだななどと思えば思うほど、自分のなかで努力したい衝動が高まっていくのです。

Point

一方的に仲間をつくることで「独学の弱点」をカバーする

2 勉強は「雑」にやるのがちょうどいい

努力が続かないという人に多いのが「完璧主義」です。

完璧主義の人は、少しがんばれない日が続いてスケジュールが崩れてしまうと、それが気持ち悪いので一気に意欲をなくします。また理想が高いので、勉強でも他の努力目標でも、できる目一杯の量を日々の予定に組み込んでしまいます。

これがこなせているうちは自信になってめきめき力が伸びていくので悪いことは何もないのですが、**目一杯の日課を続けていると、とくに独学だと必ずどこかのタイミングで挫《ざ》折《せつ》します。**

ハードすぎる日課は、日々、「努力はつらくていやなもの」というイメージを自分に刷り込んでいるようなもの。「いやだ、いやだ」という気持ちが積み重なっていくなかで徐々に努力が嫌いになっていき、ついには放り投げてしまうことになります。

完璧を目指すより「不完全を目指す」ほうが身につく

完璧主義というのは性格なので、そう簡単にやめられるものではありませんが、ひとつ必要なのは「思い込みを捨てる」ことです。

「何でも完璧がいちばん」という思い込みを捨てるのです。

実際、努力の継続ということにかぎっていうと、完璧を目指す「続かない努力」は、雑な「続く努力」より劣るものです。

努力は「不完全がいちばん」「雑にやるのがいちばん」なのです。

いくら必死にがんばったところで、脳は一回学んだだけでは覚えないという話をしました。あなたがいくら「完璧にできた！」と思っても、脳はそれを全部覚えてくれるわけではありません。

その完璧に仕上げるためのがんばりは意味がないのです。

参考書をやるにしても、８割できれば十分。毎回１００点を目指す必要はないということです。

一般にどんなことでも8割仕上げるのはテンポよくいきますが、最後の2割まできっちり詰めるのは時間がかかります。

それゆえ仕事でも完璧主義の人は効率が悪く、雑が許せてしまうスピードタイプの人のほうが成果を上げやすい傾向があります。

「実践」の場を利用して自分を伸ばす

また、完璧主義だと「やってみる」ということがなかなかできません。

たとえば、英語を話せるようになりたいと思っていても、自分の英語は完璧じゃないという思いが、人前で話すことを邪魔してしまいます。

しかしどんなことでも**「実践」をくりかえさなければものにならない**というのは述べてきたとおりです。

私自身のことでいえば、ダメな自分が本の言葉やまわりの人に助けてもらって人生を変えることができたという経験から、自分も本の執筆や講演を通して自らの学びを多くの人と共有して人の役に立ちたいという思いを持ってきました。

しかし矛盾するようですが、私は極度の人見知りで、初対面の人と話すことが苦手です。

だから、本当に完璧に台本を仕上げなくては、人前で話すなんてあり得ないと思っていました。

ですが、講演のオファーがきたとき、思い切ってやってみました。

自分なりに入念に準備してから臨んだものの、その結果は、人から見ればぼろぼろだったと思います。しかし自分としては不思議と充実感がありました。またやってみたいと思ったのです。

2時間話すことを完璧に準備なんてできません。実際に話してみると、ウケると思っていたことが反応が悪かったり、何とも思っていなかったことが面白がってもらえたりしました。

そうすると、やはりウケる話を広げて、ウケない話は早々に切り上げることになります。やってみないと見えてこないことがたくさんあるのだなと実感しました。

意識して「雑な自分」を演じてみる

みなさんも不完全でもいいので、目標に沿った「実践」に挑戦してみてください。

英会話が目標なら、ネイティブと英語を話すこと。

小説や論文を書いているなら、人に見せたり賞に応募してフィードバックを得ること。

スポーツのトレーニングをしているなら、実際にゲームや大会に参加してみること。

そうした**人前での実践からは、ひとりでの努力のときとは次元の違ったフィードバックやモチベーションを得られます。**

もちろん完璧主義が悪いことばかりということはありません。

職人的なこだわりが生きてくる仕事や場面もあります。

そもそも完璧主義はそう簡単に捨てられるものではないので、せめて「雑な自分モード」も併用できるように意識するといいでしょう。

独学などで努力をするときは、「いまから2時間は雑な自分」などと割り切って、あえてゆるいアウトプットを許容するといった工夫をしてみてください。

Point
「独学の時間」には「雑な自分」を併用する

3 アウトプットで「量質転化」を起こす

「人が努力を続けることの目的は何か」と考えてみると、すべてはアウトプットにつながることになります。

勉強なら知識を増やすことが目的ではないですよね。自分のなかにインプットした知識を、さまざまなアウトプットにつなげる回路をつくり、試験やプレゼンなどの実践の場で成果をあげるために私たちは努力しているわけです。

この本では「最終目標をイメージして、そこにフォーカスした努力をする」と言ってきましたが、「実践」を増やしてほしいというのはその「最終目標」が実践そのものであり、**実践のくりかえしによって「量質転化」を起こせる**からです。

量質転化とは、量をこなすことで質を上げるという方法です。

量をこなすと質が上がるという現象は、努力の方向性さえ間違っていなければ、何にでも当てはまります。

努力はあまり根《こん》をつめることなく「雑に」「気楽に」「楽しく」やったほうがいいという話をしてきましたが、そうしたラクなアプローチによって、とにかく努力を「長く」続けてほしいのです。

大変なことはせずに、ラクなことを「長く」やる

量質転化の効果のひとつとして、意識してやっていたことが無意識にできるようになるということもいわれています。

私は短期間で英語の単語量を5000語増やしたという話をしましたが、**これはたんに「見てわかる単語」を増やしただけ**です。「使えるようになろう」とか、「日本語を見て単語を言えるようになろう」ということは大変なのでやりませんでした。

しかし、結果としてケンブリッジに受かったのはこの「ラクな努力」がキーポイントになっていました。

パラパラと見てわかる単語の量が増えていくにしたがって似たような単語の意味の推測

がつくようになるので、覚えるのがますますラクになっていきました。

また、「使えるようにしよう」ということをことさら意識しなくても、なかには引っかかりが強くて、勝手に使えるようになってしまう単語も出てきます。未知の単語のスペルも、なんとなく想像がつくようになってきます。「雑な努力」でも、やればやるほど効率がよくなっていき、気を遣う部分や苦労する部分が少なくなっていくのです。

「10000時間の法則」と呼ばれるものはご存じでしょうか。

ジャーナリストのマルコム・グラッドウェルが著作で紹介したものですが、どんな分野でも「天才」と呼ばれるほどの世界的なレベルに立っている人は、**練習量などの努力の時間がずば抜けて長く、その長さがちょうど10000時間程度**だというのです。

つまり、傑出した熟練度の人たちに共通するのは、アプローチの方法ではなく、「かけた時間の長さ」なのです。「続けること」自体がいかに大事かと実感できる話ではないでしょうか。

「数をこなす」意識で続ける

最終目標はつねに何らかの「実践」だということを考えると、アウトプットの量を増やすことによって量質転化を起こすことはとても効率のいい努力の方法といえるでしょう。英会話を上達したければ、英会話の実践の量を増やすのが、目標達成への近道だといいました。

英会話の実践をくりかえしていると、最初は意識して日本語の文章を頭で考えて英語に転換しながらしゃべっていたものが、数をこなしていくうちに、簡単な英語は考えなくてもフレーズがそのまま出てくるようになります。

もっと量をこなしていけば、関係代名詞を使った複文など、ちょっと複雑な文章も難なく話せるようになってきます。

実践をくりかえさなければ、ここまで辿りつくには何倍もの余計な時間がかかります。

ですから、とにかく目標を見据えたアウトプットを重ねてください。雑でいいので、何度もくりかえすことで「量質転化」を目指してください。意識しなくてもできる部分が増えていき、気がつけば思わぬ高みにまで登れているはずです。

Point

長期間「実践」を続けていけば、だれでも「天才レベル」になれる

4
3分間、「呼吸」を少し変えてみる

ひとりで努力を続けているなかでどうしても集中できないときは、呼吸を変えてみるという方法があります。

「努力と呼吸にどんな関係が？」と思われる人もいるかもしれません。しかし、じつは自分の行動をコントロールするのに「呼吸」はとても大事な要素です。**呼吸を整えることで脳に酸素が送られ、脳が活性化する**ということが研究でいわれているのです。

その呼吸法についてはいろいろなメソッドを勧める人がいますが、基本は腹式呼吸でしっかりと吸い込んでゆっくりと吐くこと。

お腹に空気を送り込むように意識して、3～5秒くらいかけてゆっくりと鼻から息を吸い、その2倍ほどの時間（6～10秒）をかけて、口からゆっくりと息を吐きます。これを何度かくりかえすだけで、脳をリラックスさせる効果があるのです。

呼吸を整えることは、私たちの意識が呼吸のほうに向けられるため、余計な情報や思考を排除することができ、酸素量が増えることと相まってとてもいい効果があります。

INSEAD（欧州経営大学院）の研究者らのリサーチでも、15分間呼吸に集中した瞑想を行うと意思決定力が高まるという結果が出ています。何らかの選択肢を前にしたときに、呼吸の力を使うことで冷静な判断ができるのです。

また、**脳に酸素を送り込むという意味では、「歩くこと」も効果が高い**といわれています。「歩くこと」は脳に酸素を送るだけでなく、外で散歩をすると、部屋にこもっていたときと違って、まわりの景色や光、風などから五感を通して脳がさまざまな刺激を受けますし、脳の血流も増えます。

ちょっと頭の働きが鈍くなったかなというときに、散歩をして帰ってくると、また集中することができるのはそのためです。

「無心」になれる簡単な方法

私が呼吸って大事なんだなと考えるようになったのは、海外留学をするべきかどうか悩んでいたとき、たまたま手に取ったビジネス誌で「心を整える」ことの重要性について書かれていた記事を読んだことがきっかけです。

記事では天台宗の尼僧で作家の瀬戸内寂聴さんが、「無心」になることの大切さを説かれていました。

私は選択に悩みに悩んで、とても頭がごちゃごちゃしていたので、「無心」という言葉にとても惹かれるものを覚えました。その**無心になる方法のひとつとして「呼吸を整えること」が挙げられていた**のです。

気になって自分でも調べてみると、あながち根拠のないことではなく、自分でもやってみると、たしかに頭がすっきりするようでした。

以来、どうも頭がごちゃごちゃしていると感じたり、自分をうまくコントロールできていないように感じるときには呼吸を整えて、脳をリラックスさせるようにしています。

息をするだけで「脳」は変わる

努力をしていると「しなくてはいけないことはわかっているのに、どうにも自分を動かせない」、そんな感覚の連続です。

そんなときに自分を責めるのはむしろ逆効果だということは本書でもくりかえし述べてきたとおりです。

「いやなことはしたくない」、それ自体は人として当然の心理だととらえて、頭をからっぽにして、3分ほどゆっくり呼吸だけしてみてください。

脳が力を取り戻し、もやもやとした考えがしだいに落ち着いてきます。

そうやってリラックスした頭で自分の目標のことを考えてみてください。

「自分は何をしなくてはいけないのか」「しないとどうなるのか」「また明日後悔しないだろうか」と、冷静に自分を見つめ直すのです。

心のスポンジにいろんなものが溜まったときは、一度、それを絞り出す時間が必要です。そこで呼吸を整えたり歩いたりすると、すっと新しい空気が自分のなかに入ってきて、よけいなものが出ていく感覚が得られます。そうして小さな心のリセットをすることで、また一歩踏み出していこうという気持ちになれるのです。

Point

脳は「酸素量」次第でやる気を出したりなくしたりする

5 「全力」を出し切らない

私たちは目標を持っていると、つい「徹夜《てつや》をしてでもがんばって目標達成するぞ」などと、とにかく気合いを入れて必死にやることが前に進むために大事だと考えてしまいがちです。

ですが、睡眠時間を惜しんで努力することは本当に成果につながるのでしょうか。

そもそも睡眠は人間にとって、その日に起こったこと、学んだこと、インプットされた情報などを整理するためにとても大切な役割を担《にな》っています。

睡眠時間は脳にとって、**頭と心を整えるための時間**なのです。

睡眠不足が慢性化すると、頭と心の整理が不十分な状態になるので、つねに思考がぼんやりして、意思決定や判断に自信が持てなくなってしまいます。自尊心が低下する要因にもなります。

自分の体調をコントロールできないので、頭と体が重くなり、いろんな物事に対して「もういいや」とあきらめや怠《なま》け心が出るようになってしまいます。何時間かよけいにがんばることよりも、睡眠時間を取ることのほうがよほど重要なのです。

睡眠の「タイムリミット」を厳格に守る

私も、どんなに忙しくても基本的に6時間は睡眠時間を確保するようにしています。

よく聞かれるのですが、**偏差値30からの大学受験のときも睡眠時間は削りませんでした。**夜は12時には寝て、朝6時に起床。そこから朝のすっきりした頭で、学校に行くまでのあいだ、勉強をしていました。

睡眠不足のままだらだらと夜に3時間勉強するよりも、朝、集中して1時間がんばったほうが効率はいい。

もっとも、集中力が発揮できる時間帯については、個人差があります。

一般的に**夜は脳のエネルギーが枯渇《こかつ》する傾向がある**のはたしかですが、これまでの生活習慣上、どうしても朝は頭がぼーっとするという人もいるでしょう。

ですから、「自分ががんばれる時間帯」「頭が働く時間帯」を見きわめて、夜型の人は夜に作業をしてください。

ただこの場合、必ず寝るタイムリミットを設定してください。

そして睡眠時間も「スケジュール」として厳格に破らないように管理してください。

休むことで「モチベーション」に火をつける

目標に向かって努力し続けているあいだは、一切遊んだりしない。

そんなふうに考える人によく出会いますが、がんばり続けるためには「上手に休息の時間を取り入れる」ことも大切です。

長期的に努力が続くようにするには、オンとオフのバランスが必要なのです。

人間の集中力やエネルギーは無尽蔵《むじんぞう》ではありません。

あまりにも目の前のことに夢中になって精力を傾けていると、あるときぽっきりと心が折れて、努力が続かなくなるということになってしまいます。

ですから、定期的に「遊ぶこと」も予定としてスケジュールに入れてください。遊びも前もってスケジュールに入れておけば、予定が狂っていらいらすることもありません。

友だちと夜、食事に行ってみるのもいいかもしれません。ついでに、自分がいまやっていることや目標のことを話してもいいでしょう。

目標は意識すればするほど達成の意欲が高まるので、自分で思っているだけでなく、人に話すことでモチベーションが高まります。

好きな映画や小説などを見るのもいいでしょう。それが何らかの目標達成をするようなストーリーのものなら、リラックスしながらもさらにモチベーションに火をつけることができます。

ムリにがんばればがんばるだけ「損」をする

日本ではムリをしてでもがんばることが努力であり、そんな必死な努力こそが成果につながるという考え方が根強く残っています。

欧米では、むしろ逆。

学生もビジネスマンも、ちゃんと休んでいるかどうか、よく問われます。「サバティカル」と呼ばれるリフレッシュやスキルアップのための長期休暇制度も浸透しています。

ケンブリッジでの大学院時代、私の入った年のコースディレクターは神経心理学の教授だったのですが、学生に対して、**睡眠や休息の足りない状態では人間のモチベーションは長く維持できない**ということをくりかえし強調していました。

勉強にかぎらずスポーツ選手に対しても、欧米の考え方では「最高のパフォーマンスをするにはよく休むことが大切だ」といいます。

しっかりと休むからこそ、限られた時間のなかで集中して力を出すことができるのです。目標に向かって努力をしていると、どうしても「いかにがんばったか」が結果に比例するかのように錯覚してしまいがちです。

しかし、どんな分野でも、結果につながるのは、ムリを押して強引に続けた「へろへろの努力」ではありません。十分に休養を取りつつ集中して行われた「充実した努力」なのです。

Point
睡眠時間も遊ぶ日も「予定」としてスケジューリングしてしまう

6 「続いてしまう人」の7つの方法

これまで私はスクールや大学などでの指導で、大きな目標を目指す学生や社会人を数多く見てきました。すいすいと努力が続いて結果が出る人もいれば、どうしたってなかなかがんばれないという人もいました。

そんななかでも最後までくじけずに**高い目標をクリアしていく人たちを見ていると、気の持ちようとか、目標の持ち方にいくつかの共通点がある**ことに気づきました。

以下は、そうして気づいた共通点に加えて、世間の成功者と呼ばれる人たちの努力のプロセスを研究して抽出《ちゅうしゅつ》した、努力を続けていくための方法であり、心構えです。

ここまで読んでいただければ、もう「どうしても努力が続かない」という人の意識も変わってきていると思いますが、最後にダメ押しとして、この方法をお伝えしたいと思います。

挫折したり、迷いが出てきたときには、ぜひこの「7つの方法」を意識して、気持ちをセットし直してみてください。

1.「抵抗」を前に進む力に変える

努力が続くか続かないかというのは、言い換えれば「エネルギーが続くか続かないか」です。

いろんな方法で自分でエネルギーをつくりだせる人が、結果的に努力が続いて成果を出すことができています。とくに大きな成功をつかむ人はやはり反骨精神、ハングリー精神を強く持っているケースがほとんどです。

何かを続けよう、達成しようと努力していると、**必ずといっていいほど、何かネガティブなことが起こります**。挫折を重ねて自分で自分がいやになったり、周囲に否定されたりと、何らかの阻害《そがい》要因が発生するのです。

これはもう、仕方のないことです。大事なのは、そうしたことが起こったときに、起こったことそのものに囚《とら》われるのではなく、そこからどうしていくかを考えることです。

「これをエネルギーに変えるにはどうすればいいだろう」と考え、次のステップに切り換えて進む人とそれができない人とで差が出るわけです。

アメリカの芸術家マヤ・リンの言葉にこういうものがあります。

「To fly we have to have resistance.」

飛ぶためには抵抗がなければならない――。

私もつねにそう考えています。

目的の場所まで飛び続けるエネルギーとして、さまざまな抵抗は絶対に必要なものなのです。

何も抵抗がないゆるい状況だと、人間は不思議と力が出ないものです。

失敗も否定もいろんな抵抗もむしろ必要なものなのだと意識してください。抵抗がなければ、自分で大きな目標を宣言したりするなどで自分を追い込み、抵抗をつくりだしてください。

2. 疑問を持たずに「やってみる」

どんな努力をしても、それが必ず成功するとはかぎりません。

「このやり方なら100％うまくいく」という方法はないのです。しかし何をしていても、本当にうまくいくだろうかと半信半疑だと、努力に弾《はず》みがつきません。

現実には世の中のほとんどのことは、うまくいく保証などありません。ですが、

「You miss 100% of the shots you don't take.」

打たないシュートは100％入らない。

アイスホッケーの〝神様〟ウェイン・グレツキーの言葉ですが、まさにその通り。入るシュートもあれば外れるシュートもある。しかし打たないシュートは入らない。だったら、いずれにしろやってみるしかないのです。まずチャレンジしなければ何も始まりません。

成功する人は「行動が早い」という特徴があります。

学生でも、結果的にうまくいく人は短期留学の機会があったらすぐに自分で資料を取り寄せて登録してしまうなど、こちらが本当によく考えたのかと思ってしまうほど、実践の機会にはすぐに飛びついていきます。

その分失敗もしますが、失敗も貴重な経験として受け止めて、何度も行動をくりかえしていきながら、結果をつかみとっていくのです。

3.「他人」を自分の目標に巻き込む

努力が続く人は、自分の目標を多くの人に伝える傾向があります。

自分にはどんな目標があって、どんな努力をしているのかということを言葉にして広く発信しているのです。**どんなハードルがあって、どんな苦労をしているかということも赤裸々に見せていきます。**

それによって自分にプレッシャーをかけているところもありますが、まわりからのサポートや応援を得られやすくなるということもあります。

「応援」というと、たいしたサポートにも思えないかもしれませんが、まったくひとりのモチベーションだけで目標達成をすることは難しいものです。

ありとあらゆる手を使ってモチベーションの下支えをしていかなければ、大きな目標を達成することはできません。

人は共感したことには協力をしてくれるものなので、できるだけ率直に内実をさらけだせばさらけだすほど、他人を巻き込むことができます。

4.「世の中にどう貢献できるか」を考える

私利私欲のためだけの努力は、あまり続きにくいものです。

自分の目標は、究極的に他人のどんな役に立つのかということを考えてみてください。

自分ががんばることで、**自分のいる場所や世の中にどんなポジティブな影響を与えられるか**を考えると、努力に身が入ります。

また、「他人のため」という視点のある目標は、とりわけ他人の応援を得やすいです。

実際にまわりの人と協力して物事を進めることができれば、自分ひとりではできないような大きなことも実現することができます。

5.「視点の切り替え」をする

視点を自在に切り替えられるようになれば、努力の継続が格段にラクになります。

壁にぶつかったときに、逆にそれを利用して努力すればいいという話をしましたが、これも「抵抗」を「エネルギー」として捉えるという「視点の切り替え」です。

また、「なんとなくやる気がしない」というとき、パッと引いた視点に切り替えて「やる気が出ていない自分」「怠けようとしている自分」を客観的に見ることができれば、そこにさまざまなモチベーションを上げるための手を打つことができます。

努力が続く人は、苦しい自分をつきはなして見ることができる傾向があります。

6.「現実」を見る

目標を達成したイメージを想像するのは楽しいものです。一方で、そこに辿りつくまではまだまだ長い距離があるという現実を見るのは気分がなえるものです。

しかし将来をイメージすることも大切ですが、「現実を見る強さ」がなければ目標まで辿りつくことはできません。

目標を見ながらも、いまの時点の自分の現実を直視して、その「ギャップ」を埋めるための行動を冷静にプランニングして、それをひとつずつこなしていく必要があるのです。

学生を見ていても、**努力が続く人はつねに「まだまだ足りない」という意識を持っています**。自分の実力が見えているので、目標と現状のギャップに背中を押してもらえるのです。

この「現実を見る強さ」を意識していないと、模試などの途中経過でたまたまいい結果が出たときについペースが崩れてしまうので要注意です。

7.「変化」を受け入れる

順調に努力を続けていた人が挫折してしまう大きな原因として「周囲の変化」があります。一定の環境のなかで保ち続けてきたモチベーションが、外的な変化によって揺るがされてしまうのです。

たとえば「仕事が急に忙しくなった」「子どもができて時間が取れなくなった」「隣の家がリフォームを始めて騒音がうるさい」「いつも集中できていた店がなくなった」など。

私の見ている学生では「自分が受験する年から急に科目の配点が変わった」という変化が起こったこともあります。

そんなとき、当然モチベーションはがた落ちになりますが、**そこで踏ん張れるか踏ん張れないかが、成功する人とそうでない人とを分ける**ことになります。

努力をしているとつねに逃げたい気持ちがあるので、何らかの変化があるとすぐ、「だったらしょうがない」とばかりにやめてしまおうという心理が働きます。

しかし覚えておいてほしいのは、こうした変化は「だれにでも必ず起こる」ということです。一定期間努力を続けていて、まわりの変化が一切起こらないということはあり得ません。

努力が続く人はこうした変化に遭《あ》っても、プランを立て直すなり、対応する時間をつくるなり、軌道修正《きどうしゅうせい》して進んでいきます。

それは面倒なことではあるのですが、それも努力のうち。

自分でコントロールできないことに悩んだり、こだわったりしていてもそれこそ「しょうがない」。

一方で、あなたは「自分に変えられること」は自由に変えられます。自分のコントロール外のことにいちいちいらいらする必要はありません。「やる」「やらない」は自分の意志ひとつでどうとでもできるのです。

Point

変化があっても「織り込みずみ」なら挫折しない

Chapter5 Summary

・「現実的な見本」になる人のアプローチをネットで探す
・「完璧主義」から距離を取り、「雑な自分」モードをつくる
・ひたすら「時間をかける」だけで、とんでもない高みにまで到達できる
・脳に酸素を送りこみ、自分をベストの状態に持っていく
・「定期的に休む」ことで、モチベーションを長く維持しつづける
・努力の阻害要因をすべて「抵抗」にして、浮力を生み出す
・まわりに「変化」が起こっても、へこまず「できること」を継続する

おわりに

先日、オックスフォード大学の副総長で、行動脳科学を研究されているニック・ローリンズ教授とお話しする機会があり、せっかくなので、行動脳科学の観点から「努力がラクに続く方法」を考えるとすると、どういう方法がいいと思われるか聞いてみました。

するとそれには「fascination」（魅了）がカギになるというお答えでした。

努力の対象に惹かれて「夢中になる」ことが大切だというのです。夢中になれるものに出会うことができれば、努力は勝手に続いていきます。

夢中になれるものは、とくに社会に積極的に触れあっていくなかで見つけることができます。そうしたなかで、刺激的な人に出会ったり、自分のこれまでの常識を覆すようなものに触れたりすると、心が突き動かされて、ついがんばってしまうものです。

夢中になれるものが見つからないとしたら、いまの行動範囲を変えることをお勧めします。クリエイターの高城剛さんが「アイデアは移動距離に比例する」ということを仰っていますが、動くにしたがって、さまざまな人やもの、考え方などに出会えるチャンスが増えていきます。

いまいる環境を飛び出すことはどうしても怖いです。

私もケンブリッジに留学するまえは不安でいっぱいでした。

ですが、自分を変えたいという一心で日本を飛び出すことでさまざまな出会いがあり、かつての何をするにもやる気が起きなかった自分では考えられないような毎日を過ごすことができました。

ですから、もしあなたが「夢中になれるものなんてとくにない」という状態でしたら、ぜひ一歩踏み出して、未知の世界に飛び込んでみてください。きっと何かが見つかると思います。


また、目標に向かって努力をしていると、うまくいくこともあれば、当然うまくいかないことも出てきます。しかし、覚えておいてほしいことは、「成功」の反意語は「失敗」ではない、ということです。

私は「成功」の反意語は「チャレンジしないこと」だと思っています。失敗や挫折《ざせつ》は目標を達成するために必要なステップであり、成功の不可欠な構成要素です。

私は目標に向かって行動しているときに行きづまったときには、シェイクスピアの一節を思い出すようにしています。

All the world's a stage, and all the men and women merely players.

「世界は舞台であり、すべての人間は役を演じる役者に過ぎない」という意味です。

この言葉を頭に浮かべると、自分の人生が演劇のように思えてきます。自分はこの舞台で、幕が下りるまでにどんなストーリーを描くのだろう。

小説や映画でも、サクセスストーリーというものはいつも波瀾万丈《はらんばんじょう》で、だからこそ多くの感動を呼び込めるものです。そんなことを思うと、壁にぶつかったときも、いまこそ見せ場だとがんばる気持ちが湧いてきます。

みなさんも、ぜひ失敗を恐れずにチャレンジしていってください。

最後になりましたが、本書を出版するにあたり、たくさんのサポートをいただきました。ダイヤモンド社の三浦岳さま、西垣皓太くん始めスタッフの皆さま、そして家族に感謝します。ここまでお付き合いいただいた読者の皆さまにもお礼を申し上げます。

塚本　亮

[著者]

塚本亮（つかもと・りょう）

ケンブリッジ大学大学院修士課程修了（専攻は心理学）。偏差値30台、退学寸前の問題児から同志社大学経済学部を卒業。その後ケンブリッジで心理学を学び、帰国後、京都にて英会話スクール、ジーエルアカデミア設立。心理学の知見と自身の学習経験を生かした指導法が注目され、国内外から指導依頼が殺到。学生から社会人までのべ100人以上の日本人をケンブリッジ大学、ロンドン大学をはじめとする海外のトップ大学・大学院に合格させている。著書に『IELTSライティング完全攻略』（明日香出版社）、『偏差値30でもケンブリッジ卒の人生を変える勉強』（あさ出版）がある。

努力が勝手に続いてしまう。

――偏差値30からケンブリッジに受かった「ラクすぎる」努力術

2015年1月22日　第1刷発行
2015年9月8日　第3刷発行

著　者――塚本亮
発行所――ダイヤモンド社
〒150-8409　東京都渋谷区神宮前6-12-17
http://www.diamond.co.jp/
電話／03·5778·7232（編集）　03·5778·7240（販売）

装丁――――鈴木成一デザイン室
本文デザイン―水戸部功
編集協力――ふみぐら社
図版作成――matt's work
DTP――――キャップス
製作進行――ダイヤモンド・グラフィック社
印刷――――堀内印刷所（本文）・慶昌堂印刷（カバー）
製本――――ブックアート
編集担当――三浦 岳

ISBN 978-4-478-02936-7